高中美术课程与教学实践

黄秋芝 马 欢 著

图书在版编目（CIP）数据

高中美术课程与教学实践 / 黄秋芝，马欢著.
西安：陕西人民美术出版社，2024. 10. -- ISBN 978-7-5368-4141-3

Ⅰ. G633.955.2

中国国家版本馆CIP数据核字第20241K2V56号

责任编辑：张　萌
装帧设计：徽墨文化

高中美术课程与教学实践
GAOZHONG MEISHU KECHENG YU JIAOXUE SHIJIAN

作　　者	黄秋芝　马　欢
出版发行	陕西人民美术出版社
地　　址	陕西省西安市雁塔区登高路1388号
邮政编码	710061
经　　销	新华书店
印　　刷	廊坊市文峰档案印务有限公司
规格开本	710mm×1000mm　　1/16
印　　张	11.5
字　　数	220千字
版　　次	2025年5月第1版
印　　次	2025年5月第1次印刷
书　　号	ISBN 978-7-5368-4141-3
定　　价	70.00元

版权所有・请勿擅用本书制作各类出版物・违者必究

前 言

艺术教育一直以来都被认为是培养学生综合素养、创造性思维和审美意识的重要途径之一。高中美术课程在这一领域扮演着至关重要的角色，它既是传授美术技能的平台，也是培养学生审美情趣、激发其创造力的场所。本书旨在深入探讨高中美术课程及其教学实践，系统地分析其理念、目标、结构、教学方法及未来的发展趋势，以期为高中美术教育的不断完善提供理论支持。

第一章导论部分从研究背景出发，审视当前社会对于美术教育的需求，以及高中美术课程在培养学生创造性思维中的潜在作用，通过国内外研究现状的综合分析，对高中美术教育的发展趋势进行梳理，旨在为后续章节奠定理论基础。

第二章关注高中美术课程的设置与发展，深入探讨其理念、目标及与学生素养的关系，详细剖析了高中美术课程的设置与结构，以期为建立科学合理的课程体系提供参考。同时，本章也关注美术教育在学生素养培养中的独特价值，力图揭示美术课程如何更好地服务于学生的全面发展。

第三章探讨高中美术教学理念与方法，深入研究了美术教学的理念，探究其内涵与实质，为后续提出的教学方法提供理论支持。多元化的美术教学方法是探讨的重点。同时关注技术与创作的结合，探讨数字技术在美术教育中的应用。

第四至七章分别探究了高中美术素描、色彩、立体和绘画教学与实践，详细研究了各个领域的技法、训练方法及创作手段，力求为美术教育提供系统的理论指导和实践经验。数字技术在传统美术教学中的应用，将为未来美术教育的发展带来新的思路和可能性。

第八章聚焦美术教育的评价与未来展望，探讨了美术教育评价体系的建设，为提高美术教学质量提供可行性建议。同时，重点关注美术教学的现状，展望未来发展趋势，为决策者和从业者提供参考，推动高中美术教育不断创新与发展。

本书通过对高中美术课程与教学实践的深入研究，期望为高中美术教育领域的学术研究提供新的视角和理论支持，为高中美术课程的优化与未来发展提供有效的指导。本书不仅注重理论层面的深度剖析，更将实践经验与理论相结合，为广大高中美术教育工作者和决策者提供有益的参考和启示。希望通过本书的研究，能够为培养更具创造力和综合素养的学生，为推动高中美术教育事业迈上新的台阶，做出积极的贡献。

目 录

第一章 导论 ·1
第一节 开展美术课程的意义 ·1
第二节 开展美术课程的目的 ·2
第三节 国内外美术教育课程研究现状与发展趋势 ·3

第二章 高中美术课程设置与发展 ·7
第一节 高中美术课程的教育理念与教学目标 ·7
第二节 高中美术课程设置与结构 ·17
第三节 美术教育与学生素养的关系 ·25

第三章 高中美术教学理念与方法 ·30
第一节 美术教学理念探讨 ·30
第二节 多元化的美术教学方法 ·34
第三节 技术与创作的结合 ·46

第四章 高中美术素描教学与实践 ·53
第一节 素描技法训练与创意发展 ·53
第二节 实景写生与解构性训练 ·62
第三节 数字素描与传统技法的融合 ·68

第五章 高中美术色彩教学与实践 ·74
第一节 色彩理论与表现技巧 ·74

第二节　静物与风景色彩表现……………………………………79
　　第三节　彩色媒材与材料应用……………………………………88

第六章　高中美术立体教学与实践……………………………………97
　　第一节　立体构成与空间表现……………………………………97
　　第二节　材料雕塑与装置创作……………………………………103
　　第三节　数字雕塑与虚拟现实技术的应用………………………111

第七章　高中美术绘画教学与实践……………………………………122
　　第一节　绘画媒材与创作表现……………………………………122
　　第二节　风景、人物、静物写生与表现…………………………129
　　第三节　数字绘画与媒体艺术融合………………………………140

第八章　高中美术教学评价与展望……………………………………153
　　第一节　美术教育评价体系建设…………………………………153
　　第二节　美术教学现状与未来发展趋势…………………………167
　　第三节　总结与展望………………………………………………174

参考文献……………………………………………………………………176

第一章 导论

第一节 开展美术课程的意义

一、当前教育环境下学生心理问题日益显著

首先,在当前中国的教育环境中,应试教育模式占据主导地位,以高考为代表的升学考试成为学生们激烈竞争的战场。这一制度性的安排使学生不得不在有限的时间内面对大量的知识点和高难度的题目,造成了巨大的学业压力。高中学生在争分夺秒的学习中,往往忽视自身的心理健康,导致心理问题逐渐凸显。

其次,社会的期望和对于成功的定义,往往局限于考试分数,影响了学生对自身的认知和自我价值的建构。这种强烈的社会期望直接导致学生对于学业的过度焦虑和紧张,进而引发心理问题。学生感受到来自家庭、学校、社会的压力,努力追求所谓的"成功",但同时也承受着巨大的心理负担。

最后,长期面对高强度的学业竞争,学生易出现焦虑、抑郁等心理问题,严重者甚至可能出现心理疾病。学生在应对种种挑战时,往往缺乏有效的情绪调节和压力释放途径,加剧了心理问题的发展。在这种教育环境下,学生心理问题的日益显著不仅对学生个体的健康产生负面影响,也使其成为社会关注的焦点。采取积极有效的措施可以缓解学生的心理压力,促进其全面发展。

二、美术教育在缓解学业压力方面的潜在作用

美术教育在缓解学业压力方面发挥着重要的潜在作用。首先,美术教育能培养学生对美的感知和欣赏能力。在美术作品的创作与欣赏中,学生不仅能够感受美的存在,还能够以美的视角感知世界。这种美的体验有助于化解学生对于学业的过度焦虑,使其更能够沉浸在艺术创作的乐趣中,从而减轻学业压力。

其次,美术教育注重培养学生的创造力。创造性的艺术活动不仅可使学生在

创作中找到自我，还培养了他们独立思考和解决问题的能力。这一过程使学生更具自信心，面对学业挑战时能够更从容，减轻学业压力对心理健康的负面影响。

再次，美术教育提供了一种独特的情感宣泄途径。在绘画、雕塑等创作中，学生能够将内心的情感表达出来，获得情感的释放。这对于缓解学生因学业带来的情感压力十分有效，能够使学生更好地理解和处理自己的情绪，促进心理健康发展。

最后，美术教育通过创造性的活动拓展了学生的思维方式。艺术创作要求学生突破传统思维，进行跨学科的联想和创新。这种思维方式的拓展不仅使学生在学业上能够更灵活地应对问题，还为他们提供了更多解决学业问题的可能性，从而减轻学业压力的负面影响。美术教育在这些方面的潜在作用有助于学生全面发展，提高其心理健康水平。

第二节 开展美术课程的目的

一、美术课程设计的理论指导

首先，深入分析现有的美术课程设计理论体系，细致考察美术教育的学科性质、教学目标及教学方法等方面的核心要素。通过比较研究国内外的案例、吸取国外成功的教学经验，形成一套科学的、符合学科规律的美术课程设计理念，并为美术课程的设计提供系统性的指导，使其更富有针对性和实效性，更好地适应当代教育的需求。

其次，借鉴国内外的成功经验，将不同文化、教育体制下的美术教育理念融入研究中。通过深度比较分析，找出各种理论对美术教育的实际指导意义，形成更加开放、包容的美术课程设计理念。这不仅能够为我国美术教育提供更为全面和先进的理论参考，同时也能够推动我国美术课程更好地适应多元文化的背景，提高美术教学水平，推动美术教育发展，培养更具国际竞争力的美术人才。

二、美术课程设计的目的：促进学生创造力的培养

首先，深入研究美术课程设定的目的，特别是关注其与培养学生创造力的密切关系。通过深度分析相关心理学和教育学理论，探讨美术教育在激发学生创造力方面的理论依据。这一过程旨在为美术课程的设计提供清晰的培养创造力的理

论基础，明确培养创造力的具体途径和方法。通过对理论框架的梳理，为美术课程的设定提供更为科学的指导，促进学生创造力的全面发展。

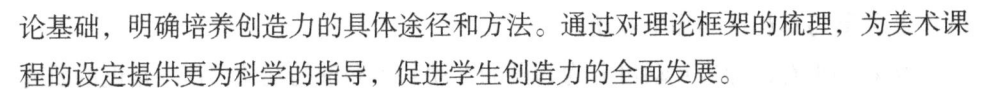

其次，聚焦创造力培养的实践策略，包括教学方法、教材选择、课程设置等方面。通过深入的案例分析和实践研究，总结出在美术课程中最为有效的创造力培养策略，为教育者提供切实可行的教学参考，使他们能够在教学实践中更有针对性地引导学生培养创造性思维。

三、美术课程设计的意义：适应社会发展需求，推动美术教育创新发展

首先，深入探讨美术教育创新的理论框架，涵盖教育技术的应用、跨学科融合、教学模式创新等多个方面。通过对不同创新理论的综合运用，旨在构建适合美术教育的创新理论体系，为未来美术教育的发展提供坚实的理论支持，并推动美术教育朝着更为创新的方向发展。通过对教育技术、学科整合及教学方法等领域的深度研究，为美术教育创新提供理论指导，为学科发展注入新的活力。

其次，结合国内外研究现状，提出具体可行的创新建议。通过深入的案例研究和实践经验总结，为美术教育的实际操作提供具体指导；通过对成功创新案例的剖析，为教育者提供借鉴，激发教育体制内外的创新动力，促使美术教育更好地适应社会发展的需求，并推动整个美术教育领域朝着更加创新的方向发展。

第三节 国内外美术教育课程研究现状与发展趋势

一、国内美术教育课程研究现状

（一）国内教学中的师生互动研究

在国内，学者们对教学中的师生互动进行了深入研究。这一领域的研究旨在理解教学过程中师生互动的作用，提高教学过程中师生互动的效果，从而改善教学质量。

1. 师生互动的结构内容

国内学者从多种学科和角度出发，提出了不同的师生互动结构内容，涵盖了社会学、心理学等多个领域，为深入探讨师生互动提供了理论支持。

2. 和谐与不和谐的师生互动

从效果来看，师生互动可分为和谐的互动和不和谐的互动。这一角度的研究有助于了解不同类型的互动对教学过程和学生学业的影响。

3. 心理学视角下的师生互动

从心理学的角度出发，师生互动可分为无意识的互动和有意识的互动。这个维度的研究突出了参与互动的个体的主观意识和参与程度，为教学互动分析提供了更为细致的框架。

（二）互补式提问方法的研究

1. 互补式的提问方法

学者倪江红提出了师生互补的提问方法[1]，认为这可以提升教学互动的效果。这个方法将学生作为课堂提问的主体对象，通过互动和交流提高学生的主动参与度。

2. 互补式提问的灵活模式

互补式提问的模式灵活多样，包括教师与学生之间的互动，也包括学生与学生之间的互动，为创新教学方法和提升学生参与度提供了新思路。

（三）第二课堂与课内外结合的研究

随着社会的发展，国内教育界对于第二课堂的关注逐渐增强，表明教育不再局限于传统课堂的框架，更关注学生在课堂外的全面发展。尽管目前关于第二课堂的研究逐渐增多，但是对于美术课内外结合的活动研究相对匮乏，尤其是对高中美术课内外结合活动的研究更是近乎空白。因此，本书关于高中美术第二课堂的研究为未来美术教育研究提供了全新的方向。

传统的美术教育往往局限于课堂内的教学，对于校外实践的关注相对较少。然而，第二课堂的理念强调学生在校外的学习与活动同样具有重要意义。在这个背景下，对于美术课程的课内外结合活动进行深入研究变得尤为重要。这样的研究有助于拓展美术教育边界，充实美术教学内容，丰富学生的学习体验，更好地促进学生综合素养的提升。

值得注意的是，尽管第二课堂的概念逐渐得到认可，但在美术领域的实际应用仍面临一些挑战。如何将美术课程有机地融入校外实践，如何设计具有实践性和启发性的课内外结合活动，以及如何在实践中促进学生的审美能力和创造力的提升等问题都值得深入探讨。因此，对美术课内外结合的活动进行系统的研究，

---

[1] 倪江红. 运用师生互补式提问打造活力化学课堂[J]. 化学教与学，2013，359（11）：45-47.

将为美术教育提供新的发展方向，有望丰富美术课程的内涵，促进学生综合素养的培养。

二、国外美术教育课程研究现状

（一）国外教育中的课堂互动研究

在国外教育中，教师与学生之间的课堂互动行为逐渐引起学者们的关注，形成了一个专门的研究领域。该领域以多学科、多方法相结合的研究特点而著称。学者们发现，使用课堂互动的多模式输入能更多地触发学生的高阶思维能力，包括分析、评价和创造，为研究提供了新的视角，强调互动在促进学生思维发展方面的重要性。

1. 三种互动类型

英国学者 B.J. 阿什利等人根据帕森斯社会体系的观点，将课堂中教师与学生的互动行为划分为教师中心式、学生中心式、知识中心式三种。[1] 这种分类体系使研究者能够更清晰地理解互动行为的本质。

2. 交流方式对课堂互动的影响

国外学者发现，教师使用的交流方式会显著影响师生之间的课堂互动效果。这表明教师的言语选择和交流技巧在促进有效互动方面发挥着关键作用。

3. 教师教学风格与师生关系

国外学者发现，教师教学风格对师生互动会产生影响，经常使用惩罚手段的教师会让师生关系变得消极。这提示我们在教育实践中需要关注教师的教学风格对师生关系和互动产生的影响。

4. 师生互动的角色划分

国外学者从教师角色的角度出发，将师生之间的互动划分为教师命令的方式、师生协商的方式及师生互不干涉的方式三种类型。这为我们提供了更为具体和实用的师生互动分类方法。

（二）课外活动在国外教育中的地位

杨华的研究表明，英国的教育部、艺术家和学校之间形成了紧密的合作关系，通过政府支持的非营利组织和教育改革项目，推动了文化、教育及国际关系方面的发展与交流。[2] 与此同时，俄罗斯、美国、日本等国也将课外活动纳入教学计划和教学大纲，将其视为教学的重要组成部分，进一步凸显了国外教育体系

---

[1] 胡桂锬，罗琴，王绪朗．关于师生互动状况的研究综述 [J]．上海教育科研，2006（10）：11-14．
[2] 杨华．融于生活的英国社会美术教育 [J]．美术研究，2019，183（03）：116-118．

对于课外活动的高度重视。

在这些国家，课外活动不仅被看作文化娱乐的方式，更被视为学生全面发展的重要途径。这种理念将课外活动视为学生综合素养的一部分，强调通过参与各类活动提升学生的综合素养。这种全面发展的教育理念使学生在校外有更多的机会学习技能、培养兴趣、增强团队协作能力、丰富学习体验，为我国的教育体制提供了可供借鉴的范例，有助于促使我国关注并重视课外活动在推动学生全面发展中的作用。

第二章 高中美术课程设置与发展

第一节 高中美术课程的教育理念与教学目标

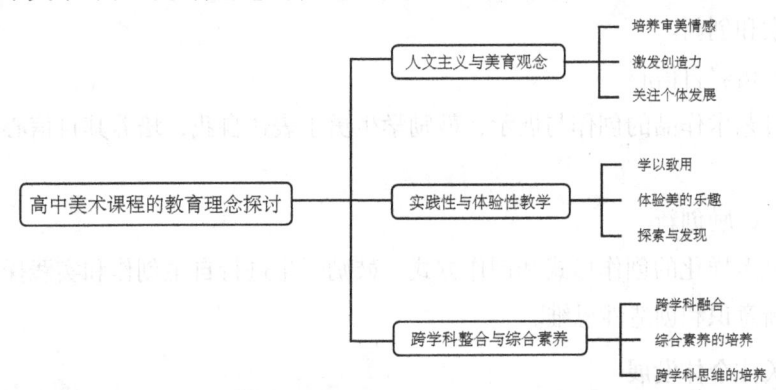

一、高中美术课程的教育理念探讨

美术教育的理念是指对于美术教学的基本信念、核心价值观和教学理念的总称。在高中美术课程中,教育理念的确立对于教学方向和质量具有重要影响。在探讨高中美术课程的教育理念时,需要从多个角度进行分析和讨论(图2-1):

```
                              ┌─ 培养审美情感
              ┌─ 人文主义与美育观念 ─┼─ 激发创造力
              │                    └─ 关注个体发展
              │                    ┌─ 学以致用
高中美术课程的教育理念探讨 ─┼─ 实践性与体验性教学 ─┼─ 体验美的乐趣
              │                    └─ 探索与发现
              │                    ┌─ 跨学科融合
              └─ 跨学科整合与综合素养 ─┼─ 综合素养的培养
                                   └─ 跨学科思维的培养
```

图2-1 高中美术课程的教育理念架构图

(一)人文主义与美育观念

人文主义与美育观念强调美术教育对学生个体发展的影响,重视每个学生的独特性和内在潜能。具体来说,包含以下几个方面的内容:

1. 培养审美情感

审美情感是人文主义与美育观念中的重要内容之一,美术教育应当致力于培养学生对美的敏感性和理解能力,提升其对美的感知和欣赏水平。

（1）培养欣赏能力

通过学习艺术作品、参观美术展览和分析艺术形式，培养学生对美的欣赏能力，提高其审美水平。

（2）理解美的情感

通过情感教育和艺术表达，帮助学生理解和表达美的情感，使其能够通过艺术作品感受到情感的共鸣。

（3）提升表达能力

通过绘画、雕塑、摄影等形式的创作，培养学生对美的表达能力，使其能够通过艺术语言准确、生动地表达自己的审美和情感体验。

2. 激发创造力

创造力是人文主义与美育观念的核心内容之一，美术教育应当激发学生的创造潜能，鼓励他们勇于表达情感与思想，通过艺术创作展示个性与风采。

（1）激发想象力

通过启发性的创作任务和开放性的创作题材，激发学生的想象力，鼓励他们勇于探索和创新。

（2）培养自信心

通过艺术作品的创作与展示，鼓励学生勇于表达自我，培养其自信心和个性风采。

（3）鼓励创新

通过多样化的创作形式和创作方式，鼓励学生进行自主创作和实践探索，培养其创新意识和创造性思维。

3. 关注个体发展

关注个体发展是人文主义与美育观念的重要内容，每个学生都是独一无二的个体，美术教育应当关注学生的个体差异，为其提供个性化的教学服务和支持。

（1）关注个体差异

了解每个学生的特点和需求，针对其个体差异制定个性化的教学方案和教学内容，使每个学生都能得到有效的学习支持。

（2）尊重个体表达

发现学生的独特之处，尊重学生的个性表达，鼓励学生在创作中展现自己的风格和特点，并为其提供展示自我和发挥才华的机会。

（3）促进个体成长

通过艺术教育的全面培养，帮助学生发现自我潜能，实现个体成长，为未来的发展奠定坚实的基础。

（二）实践性与体验性教学

实践性与体验性教学倡导通过实际操作和亲身体验，激发学生的学习兴趣和创作激情，提高他们的审美能力和创作能力。具体包括：

1. 学以致用

实践性教学强调学生要在实际创作中运用所学的理论知识，通过实践提升自己的美术技能和表现能力。这一点在美术教育中尤为重要，因为美术是一门实践性很强的学科。

实践操作：学生通过绘画、雕塑、摄影等形式的实践操作，将理论知识付诸实践，锻炼美术技能并提升表现能力。

创作任务：设计具有实践性的创作任务，让学生根据所学的理论知识进行创作，如基于色彩理论创作绘画作品，或根据构图原理创作摄影作品等。

实践项目：组织学生参与实践项目，如美术社团活动、策划与组织美术展览等，让他们将所学理论知识应用到实际项目中，提升实践能力和综合素养。

2. 体验美的乐趣

体验美的乐趣是实践性与体验性教学的核心之一，通过亲身体验美术创作的过程，学生能够感受到美的魅力和乐趣，增强对美术的兴趣和热爱。

创作体验：提供丰富多样的创作机会和平台，让学生亲身参与美术创作的过程，体验创作的乐趣和成就感。

观摩体验：组织学生参观美术展览、美术工作室等，欣赏美术作品的魅力和韵味，感受艺术之美。

互动体验：组织学生进行美术活动和交流，如绘画比赛、美术分享会等，让他们在与他人交流互动中体验到美术创作的乐趣和快乐。

3. 探索与发现

实践性教学鼓励学生主动探索和发现，培养其独立思考和创新能力，激发其对美术创作的独特见解和表现方式。

自主探索：提供开放性的学习环境和资源，鼓励学生自主探索美术世界，发现问题、提出问题，并通过实践进行解决。

创新表现：鼓励学生在创作中大胆尝试新的表现方式和美术语言，培养其创新意识和创造性思维。

个性发展：尊重和关注每个学生的个性特点和创作风格，鼓励其展现个性、发挥才华，培养独特的艺术个性和创作风格。

（三）跨学科整合与综合素养

跨学科整合与综合素养强调美术教育与其他学科之间的联系与融合，促进学科之间的交叉与互动，培养学生的综合素养和跨学科思维能力。具体包括：

1. 跨学科融合

跨学科融合是指将美术与其他学科相互渗透、相互融合的过程。美术教育不应孤立于其他学科之外，而应与语文、历史、科学等学科相互融合，促进知识的交叉和共享。

美术与语文结合：通过绘画作品赏析、绘制文学作品插图等方式，将美术与语文相结合，促进学生对文学作品的理解和审美体验。

美术与历史结合：通过介绍艺术品的历史背景、分析不同历史时期的艺术风格等方式，将美术与历史相结合，帮助学生更好地理解美术在历史文化中的发展。

美术与科学结合：通过观察记录科学实验、用图像表达科学概念等方式，将美术与科学相结合，拓展学生对科学知识的理解和应用。

2. 综合素养的培养

综合素养的培养是美术教育的重要目标之一。美术教育不仅仅是为了培养学生的美术技能，更重要的是要提升学生的综合素养，包括思维能力、表达能力、创新能力等方面的综合发展。

思维能力：通过观察、分析、判断和解决问题，培养学生的逻辑思维、批判性思维和创造性思维能力。

表达能力：通过美术作品的创作，培养学生对美的表达能力。

创新能力：通过创作活动的实践，培养学生的创新意识、创造力和解决问题的能力。

3. 跨学科思维的培养

跨学科思维是指学生运用不同学科的知识解决问题的能力。通过跨学科整合的教学实践，可以培养学生的跨学科思维能力，使其具有更广阔的视野和更强的综合能力。

跨学科项目：设计跨学科的项目任务，要求学生综合运用各学科的知识和技能解决问题，培养其跨学科思维和综合能力。

跨学科讨论：组织跨学科的讨论活动，让学生在跨学科的交流中学习和思考，使其理解学科之间的内在联系。

跨学科研究：鼓励学生进行跨学科的研究，促使学生在解决实际问题中培养跨学科思维和创新能力。

二、高中美术课程的教学目标

高中美术课程的教学目标是指通过课程设置和教学实践，达到对学生思维、情感、审美等方面的全面培养和提升。教学目标可以从以下几个方面进行阐述：

（一）审美情感的培养

审美情感是指学生对美的感知、理解和欣赏能力。高中美术课程旨在培养学生的审美情感，提高其审美鉴赏水平，具体目标包括：

1. 提高对美的敏感度

（1）敏锐感知美的训练

进行系统的训练和引导，提高学生对美的敏感度。

感官刺激与观察：通过多种感官刺激，如视觉、听觉、触觉等，引导学生对周围环境中的美进行观察和感知。教师可以设计各种感官体验活动，如户外写生、听觉课堂等，让学生通过感知美的方式培养敏感度。

艺术作品欣赏：组织学生观赏各种艺术作品，包括绘画、雕塑、音乐等，引导他们从中感知和体验美的存在。通过观赏艺术作品，学生可以深入感受不同艺术形式所呈现的美感，提高对美的敏感度。

日常生活中的美：教师可以鼓励学生在日常生活中主动寻找美，无论是自然景观、人物风采还是日常用品，都可能蕴含着美的元素。通过鼓励学生记录周围的美好，逐渐培养他们对美的敏感度。

（2）美的情感的培养

除了感知美，还需培养学生对美的情感体验。

情感表达与分享：鼓励学生表达对美的情感体验，可以通过绘画、写作、音乐等形式进行情感表达。同时，组织学生分享自己的美感体验，促进情感的交流与共鸣。

情感与艺术作品：引导学生通过艺术作品体验和表达情感。教师可以选择能够引发情感共鸣的艺术作品，让学生在欣赏过程中体验作品所传递的情感，从而加深对美的情感体验。

情感的引导与激发：教师可以通过讲解、组织讨论等方式引导学生深入理解作品背后所蕴含的情感，激发他们对美的情感体验和表达的热情，增强他们对美的情感体验和理解。

2. 培养审美情感

（1）艺术作品欣赏与体验。

通过欣赏艺术作品，培养学生的审美情感。

艺术作品展览：组织学生参观美术馆、画廊和艺术展览，让他们亲身感受艺术作品的魅力。在观展过程中，教师可以引导学生仔细品味作品，增强他们的审美体验。

多样化艺术形式体验：不局限于绘画，还可以涉及雕塑、摄影、舞蹈等多种艺术形式。通过多样化的艺术体验，帮助学生拓宽审美视野，培养其对不同艺术形式的欣赏能力。

（2）情感共鸣与创作体验

个人创作体验：鼓励学生通过自主创作表达自己的情感体验和审美情趣。在创作过程中，学生可以深入思考和表达自己的情感，培养自己的审美情感。

情感共鸣与交流：组织学生进行作品分享和情感交流活动，分享自己的创作体验和对美的情感体验。通过与他人的交流和分享，学生可以更深入地理解作品所传递的情感，增强审美情感的共鸣和体验。

情感导向的创作活动：设计情感导向的创作任务，引导学生根据自己的情感体验和审美情趣进行创作。在这样的创作活动中，学生可以更加自由地表达自己的情感和审美情趣，培养自己的审美情感和表达能力。

3. 提升审美鉴赏能力

（1）美术理论知识的学习与运用

提升学生的审美鉴赏能力，需要教导他们掌握美术理论知识，并运用到实际鉴赏中。

基础美术理论学习：系统教授学生基础的美术理论知识，包括色彩学、构图原理、艺术风格等。通过理论学习，培养学生对艺术作品的基本认识和分析能力。

艺术史知识学习：介绍艺术史上的经典作品和艺术流派，让学生了解不同历史时期和文化背景下的艺术发展。通过学习艺术史，学生可以更深入地理解艺术作品背后的历史和文化内涵。

（2）艺术作品分析与评价

作品分析与解读：指导学生运用所学的美术理论知识，对艺术作品进行深入分析和解读。学生可以从线条、色彩、构图等方面进行分析，理解作品的表现手法和意义。

批评性思维培养：鼓励学生发展批评性思维，对艺术作品进行批判性评价。通过分析作品的优缺点，学生可以提高对作品的鉴赏能力和分析能力，形成独立的审美观点。

（二）创造力的培养

创造力是指学生在美术创作中展现出的独特思维和创新能力。高中美术课程旨在激发学生的创造潜能，提高其美术创作能力和表现力，具体目标包括：

1. 激发想象力

（1）创意启发与思维拓展

创意引导活动：组织学生参与各种创意启发活动，如画画游戏、拼图创作等，通过活动中的创意闪光点，激发学生的想象力和创造力，引导他们产生新颖的创作思路。

情感激发与情感表达：通过讲故事、观看电影等方式，激发学生的情感和想象力，让他们在情感的驱动下进行创作，表达内心的情感和想法，培养独特的创作作品的能力。

（2）视觉素材收集与利用

视觉素材收集：引导学生积极收集各种视觉素材，如图片、影像、艺术作品等，拓宽视野，丰富创作灵感来源。

素材整合与创新：指导学生将收集到的不同素材重新组合，创造出独特的视觉效果，培养其创造力和想象力。

2. 培养表现力

（1）艺术形式多样化体验

绘画表现力培养：通过绘画技法的学习和实践，培养学生的绘画表现力，让他们掌握丰富的绘画语言和表现手法，能够准确地表达自己的思想和情感。

雕塑、摄影等形式探索：拓展学生的艺术形式体验，引导他们尝试不同的创作形式，如雕塑、摄影等，通过探索不同的艺术形式，培养多样化的表现能力。

（2）视角转换与情感表达

观察力培养：指导学生提高观察力，学会发现周围环境中的美，从不同角度观察和思考，为创作提供更多的素材和灵感来源。

作品表达与情感传递：鼓励学生在创作中充分表达自己的情感和思想，通过作品传递个人的情感和观点，使作品更具生命力和表现力。

3. 强化实践能力

（1）提供创作机会与平台

创作工作坊：定期组织创作工作坊，为学生提供创作的机会和平台，让他们在创作中得到指导和启发，不断提升创作能力和水平。

学校艺术节活动：组织学校艺术节等活动，为学生提供展示作品的机会，激发他们的创作热情，展示其创造力和表现力。

（2）自主创作与实践探索

自主创作：鼓励学生进行自主创作，让他们在自由的环境中创作探索，发现和培养自己的创造力和独特风格。

实践探索与反思总结：指导学生进行创作实践和反思总结，及时总结和归纳创作经验，发现不足之处，不断提高创作水平和表现力。

（三）美术知识的掌握

美术知识的掌握是高中美术课程的基础，包括色彩、构图、素描等方面的技巧与理论。具体目标包括：

1. 掌握基础技能

（1）素描技法的学习与应用

素描作为绘画的基础技能之一，需要通过以下内容的学习来掌握：

线条与轮廓：学习掌握线条的运用技巧，包括粗细、长短、曲直等变化，以及轮廓线的描绘方法，从简单的几何图形逐渐到复杂的静物、人物。

明暗关系：理解光影的原理，学会运用明暗对比表现物体的形态和立体感，通过练习掌握阴影的处理和光影过渡的技巧。

素描对象的选择：从简单到复杂，从静物到人物，逐步提高难度，选择不同类型的素描对象进行练习。

（2）不同绘画种类的学习

除了素描，学生还需要掌握其他绘画种类的基础技能：

水彩：学习水彩的调色、涂抹、湿画、干画等技法，掌握水彩的绘画特点和表现方法，培养对色彩和水性的把控能力。

油画：了解油画颜料的特性，学习油画的搭配、调色、层次等技法，掌握油画的干湿调控和色彩表现技能。

其他绘画种类：包括中国画、版画等，学生需要通过练习，掌握不同绘画种类的特点和技巧，以便在创作中有更多选择和变化。

2. 理解美术理论

（1）色彩学的学习与应用

色彩是美术创作中的重要元素之一，学生需要深入理解和掌握色彩学的基本知识。

色彩搭配与对比：学习色彩的基本概念，如色相、明度、饱和度等，以及色彩搭配和对比的原理，通过实践掌握不同色彩的组合效果和表现力。

色彩表现技巧：了解不同色彩的表现效果，如冷暖色调、明度对比、色彩层次等，学会运用各种色彩技巧表现作品的情感和主题。

色彩心理学：探讨色彩与情感、意象的关系，理解不同色彩对人们心理产生的作用和影响，从而在创作中更好地运用色彩表达情感。

（2）构图原理的学习与应用

构图指美术作品的组织结构，它对作品的视觉效果和表现力起着关键作用。

构图基本原则：学习构图的基本原则，如平衡、对称、对比、动态等，理解不同构图方式对作品视觉效果的影响，从而设计出有吸引力和表现力的画面结构。

构图实践：通过大量的构图练习，探索不同的构图方式和组合，培养构图感觉和创作灵感，在实际创作中灵活运用构图原理。

构图与主题表达：学习通过构图来突出作品的主题和情感内涵，掌握构图与主题表达之间的关系，从而使作品更具表现力和深度。

3. 运用技能与理论

将所学的技能与理论知识应用到实际创作中，并培养批判性思维。

创作实践：通过绘画作品、手工制作等形式，不断进行实践创作，锻炼创作能力和技巧，同时将所学的技能和理论知识运用到实际创作中。

作品评价与反思：学会对自己的作品进行批判性评价和反思，分析作品的优缺点，找出改进的方向和方法，从而不断提高自己的创作水平和审美能力。

学术研究与创新探索：鼓励学生进行学术研究和创新探索，深入了解美术理论和技术发展的最新动态，从中获得启示、汲取灵感，推动自己的创作实践和学术探索。

（四）综合素养的提升

综合素养是指学生在思维能力、沟通能力、团队合作能力等方面的全面发展。高中美术课程旨在通过美术教育，促进学生综合素养的发展，具体目标包括：

1. 提升思维能力

（1）批判性思维的培养

作品分析与评价：引导学生对艺术作品进行深入分析和评价，不仅注重作品的外在美感，更要求学生对作品的内涵、表现手法等进行批判性思考，从而培养其对艺术作品的批判性思维能力。

文献阅读与综合分析：鼓励学生阅读与美术相关的文献资料，如艺术史、美术理论等，通过综合分析不同观点和理论，培养学生的综合思考和判断能力。

创作探索与实践：鼓励学生在创作过程中勇于尝试和探索新的表现手法和艺术语言，培养其创新意识和解决问题的能力。

（2）创造性思维的激发

主题设定与思维拓展：引导学生在创作前设定清晰的主题，激发他们的创造性思维，帮助他们从不同角度思考和表达主题内容。

多元化艺术体验：组织学生参与各种艺术活动和展览，如音乐会、舞蹈表演等，拓宽他们的艺术视野，激发其创造性思维和灵感。

艺术作品解构与再构：指导学生对经典艺术作品进行解构和重新构思，鼓励他们将不同艺术元素进行重新组合和创新，培养其创造性思维和想象力。

2. 加强沟通能力

（1）创作表达与展示

作品介绍与解读：在学生作品展示的过程中，要求学生能够清晰、准确地表述作品背后的创作意图和情感内涵，培养他们的表达能力。

作品评价交流：组织学生开展作品评价的交流活动，让他们学会提出和接受批评意见，加强沟通与表达能力。

（2）艺术评论与讨论

文本分析与评论撰写：指导学生阅读艺术评论文本，学习分析评论文本的结构和语言表达方式，培养他们的文本理解和撰写能力。

小组讨论与辩论：组织学生进行小组讨论和辩论活动，让他们就艺术作品的主题、风格、意义等展开深入探讨，提高批判性思维和沟通能力。

3. 提高团队合作能力

（1）项目合作与分工协作

团队项目设计与执行：组织学生参与团队美术项目的设计与执行，让他们学会与他人分工合作，培养团队合作意识和能力。

角色分配与任务落实：在团队合作中，指导学生根据各自的特长和兴趣分配角色，并明确任务目标，加强团队成员之间的协作与配合。

（2）共享资源与互助支持

资源分享与交流：鼓励学生在团队合作中分享资源和经验，搭建资源共享平台，促进团队成员之间的相互支持。

技术指导与反馈：指导学生在团队合作中互相指导、积极反馈，及时解决问题，提高团队整体的创作水平和效率。

第二节　高中美术课程设置与结构

高中美术课程的结构设计应当符合学生的认知规律和学习需求，内容安排要体现系统性和渐进性。具体的结构设计包括以下阶段和内容：

一、基础阶段

主要着重于学生对美术基础知识与技能的学习，包括素描、色彩基础、构图等内容。在这个阶段，学生需要打下坚实的美术基础，为后续的学习与创作奠定基础。

（一）素描基础

1. 线条表现技法

（1）线条的种类与运用

在素描中，线条是表现物体形态和结构的重要手段之一。学生需要了解直线、曲线等不同类型的线条，并学会在作品中灵活运用这些线条，以描绘物体的轮廓、纹理和细节。

（2）线条的笔法练习

为了精确掌握线条的描绘和表现技巧，学生需要进行线条的笔法练习，包括单线、交叉线、重叠线等。通过反复练习，提高学生的线条控制能力和表现技巧。

2. 明暗关系的表现

（1）明暗对比的理解

明暗对比是素描作品中的重要因素，对物体的立体感和形态感起着关键作用。学生需要理解明暗对比对作品的重要性，并通过观察和分析不同明暗关系的作品，加深对明暗关系的认识。

（2）明暗过渡的练习

为了掌握如何用铅笔表现物体的光影效果，学生需要进行明暗过渡的练习。从浅到深、从明到暗的练习，有助于学生逐步掌握如何运用铅笔的线条表现物体的明暗关系，使作品更具立体感。

3. 质感的表现技巧

（1）质感的观察与感知

素描作品中的质感表现直接影响作品的逼真程度。学生需要通过观察不同材质的物体，如金属、布料、玻璃等，感知它们的质感特征，为后续的素描练习做准备。

（2）质感的表现练习

为了掌握如何用线条和明暗表现不同质感，学生需要进行质感的表现练习。通过绘画练习模拟不同物体的质感，如绘制木头的纹理、金属的光泽等，帮助学生理解和掌握不同质感的表现技巧，提高作品的逼真度和艺术表现力。

（二）色彩基础

1. 色彩基本理论

（1）色彩的基本属性

学生需要理解色彩的基本属性，包括色相、明度和饱和度。色相指的是色彩的种类，明度指的是色彩的明暗程度，饱和度指的是色彩的纯度或强度。理解这些基本属性有助于学生更好地运用色彩，并在作品中达到理想的视觉效果。

（2）色彩搭配与对比

学生需要学会进行色彩搭配和对比，以创造丰富多彩的视觉效果；应该了解同色系、对比色、补色等搭配原则，并学会如何根据主题和情感选择合适的色彩搭配，以增强作品的表现力和视觉吸引力。

2. 色彩运用技巧

（1）色彩混合与调和

学生需要掌握色彩混合与调和的技巧，以便在创作中获得所需的色彩效果。

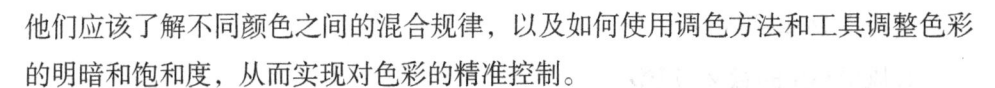

他们应该了解不同颜色之间的混合规律，以及如何使用调色方法和工具调整色彩的明暗和饱和度，从而实现对色彩的精准控制。

（2）将色彩运用于素描

除了在彩色作品中运用色彩外，学生还可以尝试将色彩运用于素描中。通过使用色铅、水彩等，可以在素描作品中增加色彩的表现力和视觉效果，丰富作品的表现形式，提高创作的多样性和艺术表现力。

（三）构图基础

1. 构图基本原理

（1）画面构图要素

学生需要了解构图的基本要素，包括前景、中景、背景等。这些要素在画面中的安排和组合，直接影响画面的整体效果。此外，学生还需要了解画面构图的基本规则和原则，如对称、黄金分割等，以此来指导构图的实践过程。

（2）视觉重心与比例关系

理解画面的视觉重心和比例关系是构图的关键。学生需要掌握如何通过调整构图来突出画面的主题和重点，使作品更具视觉吸引力。通过合理的布局和比例安排，学生可以引导观众的视线，达到画面效果的最佳呈现。

2. 构图实践与创作

（1）静物组合的构图练习

学生可以通过不同的静物组合来进行构图练习。这种练习可以锻炼学生的构图能力和创造力，培养他们对画面整体布局的把握能力。通过不同组合的尝试和实践，学生可以逐步掌握构图的技巧和方法。

（2）实景观察与构图创作

学生需要进行实地观察和素描练习，从生活场景中获取构图灵感。通过观察自然景物、城市风景等实景，学生可以学习到各种构图原理的应用，并将其运用到自己的创作中。这种实践能够提高学生的观察力和表现力，使作品更具感染力和艺术性。

二、拓展阶段

拓展阶段旨在拓宽学生的美术视野，包括风景、人物、静物写生等实践活动，让学生在实践中感受艺术的魅力，培养其观察和表现能力。

（一）风景写生

1. 风景写生的意义与方法

（1）意义

风景写生不仅可以让学生近距离地感受自然风景和人文景观的美丽，还可以帮助他们培养对环境的敏感性和观察力。通过绘画表现，学生可以更深入地理解风景的构成和变化，提高对美的欣赏和理解。

（2）方法

在进行风景写生时，学生应选择合适的场所，如山水间、城市街道等，结合所学的绘画种类和技法，如素描、水彩等，捕捉景物的光影和线条，表现景物的立体感和氛围。重点在于观察景物的细节，并运用合适的绘画技法进行表现。

2. 不同环境下的风景写生技巧

（1）自然风光写生

在山水间或草木丛中写生时，学生需要注重捕捉自然景物的韵律与变化，掌握远近景物的虚实关系，以及天空、地面等元素的比例与透视关系，从而表现出大自然各种各样的美。

（2）城市风景写生

在城市街道、广场等地写生时，学生需要注意捕捉建筑物的结构与比例，以及人们的生活状态和动态特征，通过细致观察和描绘，体现现代城市的独特魅力和生活气息。

3. 风景写生作品的评价标准

（1）技术水平

评价学生对线条、色彩、光影等绘画技法的掌握程度，包括线条的精确性、色彩的运用和光影效果的表现等方面。

（2）表现力与感染力

评价作品所传达的情感与氛围，以及对风景的个人理解与表现，涉及作品所表现的情绪和意境是否真实自然，观众对作品的感受和共鸣程度。

（二）人物写生

通过观察真实的人物形态与神态，帮助学生提高对人体及面部结构与比例的把握能力，以及对情感表达的理解与表现能力，有助于学生塑造生动的人物形象，丰富其美术创作的内涵与表现形式。

1. 人物写生的目的与重要性

（1）目的

人物写生的主要目的在于帮助学生观察、理解和表现人物的形态、神态和情感，提高其绘画技巧和艺术表现能力。通过实践观察与绘画，学生可以更加深入地了解人体结构与比例，以及如何通过绘画来表达人物的个性和情感。

（2）重要性

人物写生对于学生的美术教育具有重要意义。通过观察真实的人物，学生可以提高对人体结构和比例的把握能力，培养自身绘画的基本功底。同时，通过捕捉人物的神态和情感，学生可以提升自己的表现能力，创作出更具生动性和表现力的作品。

2. 人物写生的技巧

（1）人物比例关系的把握

学生需要通过观察与测量，掌握人体各部分的比例关系，包括头身比、手臂长短、腿部比例等。准确把握人体的比例关系是绘画中的基础，能够帮助学生绘制出更加真实和准确的人物形象。

（2）神态与动态的捕捉

除了人物形态和人体结构，学生还应该观察人物的表情、动作和姿势。理解人物表情和动作背后蕴含的情感与意义，可以帮助学生在绘画中准确地表达人物的情感和状态，使作品更具生动性和表现力。

3. 人物写生作品的评价标准

（1）结构准确度

评价学生人物写生作品中人体结构及人体各部位的比例关系是否准确，涉及头身比、手臂长短、腿部比例等方面的准确度。

（2）表现力与生动性

评价作品中人物情感与动态的表现力及对人物个性与特点的把握程度，包括对人物表情、动作和姿势的准确把握，以及对情感和内在意义的表达是否生动自然。

（三）静物写生

通过观察和描绘静物的形态、质感和光影效果，培养学生的观察力和表现能力。这有助于学生提高对事物细节的敏感度，丰富其艺术表现的层次与质感。

1. 静物写生的意义与价值

（1）意义

静物写生可以帮助学生培养细致入微的观察能力。通过观察静物的形态、质感和光影效果，学生可以更深入地理解事物的本质与特点。同时，静物写生也能够激发学生的想象力和创造力，为其后续的艺术创作提供丰富的素材和灵感。

（2）价值

静物写生对于学生的美术教育具有重要的价值。通过观察和描绘静物，学生可以提高对形态、结构和质感的把握能力，培养其绘画的基本功底。同时，静物写生还能够培养学生的审美情趣，提升其艺术鉴赏能力，使其更加敏感地感受和理解艺术的美与韵味。

2. 静物写生的技巧与方法

（1）光影效果的处理

学生需要注意观察光源及其对静物产生的光影效果，掌握如何运用明暗对比表现物体的立体感。通过合理处理光影关系，可以使静物更加栩栩如生，增强作品的立体感和逼真感。

（2）构图与布局

学生应该学习如何选择合适的静物组合，构建丰富多样的画面。同时，还需要注意布局的平衡与和谐，使作品更具美感和视觉吸引力。

3. 静物写生作品的评价标准

（1）质感与真实感

评价学生对静物质感和形态的表现能力，以及是否能够准确捕捉静物的细节特征。作品应该具有逼真的质感和空间上的真实感，使观者产生身临其境的感受。

（2）构图与色彩运用

评价作品的构图是否合理，色彩运用是否丰富多样。合理的构图能够使画面更加生动有趣，而恰到好处的色彩运用则能够有效传达静物的特征与氛围。

三、创新阶段

创新阶段旨在培养学生的创造力和表现力，通过美术作品创作和展示等环节，激发学生的想象力和创新精神，提高其艺术表现能力。

（一）美术作品创作

美术作品创作是美术教育中的核心环节，通过不同创作方式的选择，以及创作过程中的技巧运用，能够促进学生的个人成长与文化传承。

1. 创作方式的选择

（1）个人创作

个人创作能够让学生充分发挥自己的想象力和创造力，根据个人的兴趣和特长选择合适的创作形式和题材。素描、油画、水彩、雕塑等形式，以及风景、人物、静物、抽象等题材都是可以选择的创作方向。

（2）小组合作

小组合作可以促进学生之间的协作与交流，通过集思广益，可以共同完成更加丰富多样的作品。在合作创作中，学生不仅可以互相学习，还可以培养团队合作精神和创造力。

2. 创作过程与技巧

（1）创意构思

创意构思是创作过程中的关键步骤，学生需要在进行创作之前，对作品的主题、情感表达和构图进行充分的构思和准备。可以通过素材收集、头脑风暴等方式激发创作灵感，确保作品具有独特性和深度。

（2）技巧运用

在实际创作过程中，学生需要熟练掌握各种绘画、雕塑或其他艺术表现的技巧，包括线条运用、色彩搭配、材料处理等方面。这些技巧的灵活运用，能够确保作品具有较高的表现力和质量。

3. 创作作品的意义与价值

（1）个人表达与成长

通过创作作品，学生可以表达自己的情感、思想和观点，增强自我认知和自我价值感。创作作品的过程不仅是个人情感的宣泄，更是个人成长与发展的重要途径。

（2）文化交流与传承

艺术作品是文化的载体，学生的创作活动有助于促进不同文化之间的交流与理解。同时，学生的创作也是对艺术文化遗产的传承和发展，能够为社会文化的繁荣与进步做出贡献。

（二）作品展示与评析

作品展示与评析是美术教育中至关重要的环节，通过选择合适的展示形式与场合，并进行专业评审和同侪互评，可以有效促进学生的艺术发展与成长，具有重要的意义与价值。

1. 展示形式与场合选择

（1）学校展览

学校可以定期组织美术作品展览，为学生提供展示作品的平台。学生的作品可以在校园内的美术馆、图书馆或多功能厅等地方展出，让更多的同学、老师和家长欣赏和了解学生的艺术成果。

（2）社区交流

学生的作品也可以在社区艺术活动中展示，与社区居民进行交流与互动。可以在社区文化中心、艺术画廊或公共场所举办展览，通过展示作品，促进社区文化建设与共享，增强社区的文化氛围。

2. 评析与反思

（1）专业评审

作品展示时可以邀请专业的艺术老师或艺术家进行评审。他们能够从专业角度对作品进行评析和指导，帮助学生发现作品中的不足之处，并提出改进建议。专业评审有助于学生深入了解自己作品的优缺点，促进其艺术技巧和表现能力的提高。

（2）学生互评

除了专业评审外，学生之间也可以进行互相评价。通过互评，学生可以分享彼此的创作经验和感悟，共同探讨作品的创意与表现形式，相互启发和借鉴，促进共同进步与成长。

3. 展示作品的意义与价值

（1）自我展示与自信心培养

作品展示是学生展示自己才华和努力成果的机会。通过展示作品，学生能够得到他人的认可与赞扬，从而增强自信心、提升自我展示能力，激发更多的创作热情与动力。

（2）美育与社会责任

通过作品展示，学生有机会为社会提供美的享受与思想的交流。艺术作品不仅是美的载体，更是思想的传播者。学生的作品展示能够促进社会美育事业的发展，推动艺术文化的传播与交流，为社会文化的繁荣与进步做出贡献。

第三节 美术教育与学生素养的关系

一、审美情感的提升

(一)艺术作品的欣赏

1. 绘画作品的欣赏

绘画作品是美术教育中重要的欣赏对象之一。学生通过欣赏不同风格、不同时期和不同流派的绘画作品,可以感受到艺术家用线条、色彩、形态等表现手法所传达的情感和意境。例如,欣赏文艺复兴时期的绘画作品,可以感受到其对人体结构和比例的精确表现,以及对古典理想的追求;欣赏印象派的绘画作品,则能够感受到其对光影和色彩的敏感表现,以及对现实生活的直观感受。

2. 雕塑作品的欣赏

雕塑作品也是美术教育中重要的欣赏对象之一。学生通过欣赏雕塑作品,可以感受到雕塑家通过对不同材料的塑造和不同形态的表现所呈现出的立体美和空间感。例如,欣赏古希腊雕塑,可以感受到其对人体比例和动态的把握,以及对完美之美的追求;欣赏现代雕塑作品,则能够感受到其对形式和材料的多样性的探索,以及对当代社会和文化的反思。

3. 摄影作品的欣赏

摄影作品作为现代艺术形式的一种,也成为美术教育中的重要欣赏内容。学生通过欣赏摄影作品,可以感受到摄影师通过镜头捕捉到的瞬间和景象所传达的情感和意义。例如,欣赏人文摄影作品,可以感受到其对人类生活和社会现实的关注和记录;欣赏风景摄影作品,则能够感受到其对自然美的赞颂和对环境保护的呼吁。

(二)艺术作品的分析

1. 构图分析

在对艺术作品进行分析时,学生需要重点关注作品的构图。构图是指艺术家安排和组织作品中图像元素的方式,包括对画面的布局、比例和平衡等方面的考量。学生可以分析作品中各个元素的排列和关系,探讨构图是否符合视觉美学原则,以及构图对作品表达所起的作用。

2. 色彩运用分析

除了构图，色彩运用也是分析艺术作品的重要内容之一。学生可以分析作品中的色彩搭配、色彩对比、色彩饱和度等方面的运用，探讨色彩在作品中的象征意义和情感表达。例如，学生可以分析暖色调和冷色调在作品中的运用差异，以及对作品氛围和情绪的影响。

3. 符号与象征分析

在对艺术作品进行分析时，学生还需要关注作品中可能存在的符号和象征。符号是指具有特定意义的图像，而象征则是指通过具体形象表达抽象概念或情感。学生可以分析作品中的符号和象征的含义和作用，探讨艺术家借助这些符号和象征所传达的思想和情感。

（三）视觉素养的提升

1. 形态感知能力的培养

通过绘画、素描等课程的学习和实践，可以逐步培养学生对形态的感知能力。形态感知能力是指学生对物体的形状、结构和比例的敏感度和把握能力。通过观察和绘制不同形态的物体，学生可以锻炼自己的形态感知能力，提高对物体形态的准确把握和表现能力。

2. 色彩感知能力的培养

通过色彩理论的学习和色彩实践的训练，学生可以逐步培养自己对色彩的感知能力。色彩感知能力是指学生对色彩的明度、饱和度和对比度等方面的敏感度和把握能力。通过观察和实践，学生可以提高自己对色彩的敏感性和表现力，从而在艺术作品的创作和欣赏中有更深层次的体验和理解。

3. 空间感知能力的培养

空间感知能力是指学生对空间的深度、透视和结构等方面的感知和理解能力。通过学习透视原理和空间构图等基础知识，并通过实践绘画、素描等方式进行训练，学生可以逐步提高自己的空间感知能力，更准确地把握物体之间的距离、位置和比例关系，从而在作品表现中创造出更具立体感和空间感的效果。

二、创造力的培养

（一）创作实践的重要性

1. 多样化的创作形式

美术教育通过提供多样化的创作形式，如绘画、雕塑、手工制作等，为学生

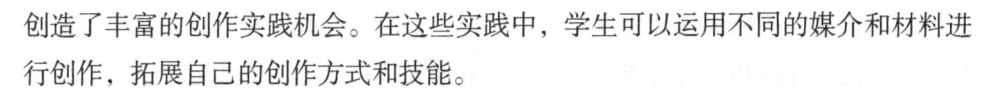

创造了丰富的创作实践机会。在这些实践中,学生可以运用不同的媒介和材料进行创作,拓展自己的创作方式和技能。

2. 自由探索与表现

创作实践强调自由探索和表现,学生在创作过程中能够尽情发挥想象力和创造力,尝试新的表现方式和创意构思。这种自由的探索过程,不仅能够激发学生的创造潜能,还能够培养他们的自信心和创作热情。

3. 实践经验的积累与提升

通过持续的创作实践,学生能够积累丰富的实践经验,并不断提升自己的创作能力和水平,逐步掌握不同材料和技术的应用方法,提高作品的表现力和感染力,从而更好地实现自己的艺术创作目标。

(二)创意的培养

1. 创意启发与激发

美术教育注重通过创意启发和激发的方式,引导学生开拓思维,挖掘潜藏的创意。通过观察、阅读、实践等方式,学生能够接触到各种各样的艺术作品和创意灵感,从而激发自己的创新意识和创意思维。

2. 主题设计与策划

学生在美术教育中经常参与主题设计和策划活动,有助于培养对主题和题材的选择能力,以及对作品整体结构和表现形式的把握能力。通过设计和策划,学生能够深入思考作品的内涵和意义,更好地实现作品的创意和表现。

3. 实践探索与创新尝试

除了设计和策划,学生还需要通过实践探索和创新尝试培养创意。在创作过程中,学生可以尝试不同的创意构思和实践方法,勇于突破传统的艺术表现形式和思维模式,实现作品的创新和突破。

(三)锻炼思维的灵活性

1. 问题解决与思维拓展

美术教育通过创作实践和思维训练,帮助学生锻炼解决问题的能力和思维拓展。在艺术创作中,学生常常会遇到各种挑战和困难,需要不断地思考和实验,寻找解决问题的方法。这种解决问题的过程,不仅能够培养学生的创造力和创新能力,还能够拓展他们的思维空间和想象力。

2. 实验与调整的过程

在创作过程中,学生需要不断地实验和调整,尝试不同的创作方法和表现方式，勇于突破，不断探索和发现新的可能性。这种实验与调整的过程，不仅能够提高学生的创作技巧和表现能力，还能够培养他们的自信心和勇气。

3. 艺术思维与跨学科能力

美术教育还有助于培养学生的艺术思维和跨学科能力。通过艺术创作和思维训练，学生能够培养自己的想象力和创造力，面对问题能够提出自己的独特见解和解决方案。这种跨学科的思维和能力，不仅能够帮助学生在艺术领域中获得成功，还可以在其他学科和领域中发挥重要作用。例如，学生通过艺术创作，可以培养出对历史、文化、科学等领域的理解和洞察力，从而更好地应对现实生活及未来的挑战。

三、综合素养的提升

（一）思维能力的培养

1. 观察与分析能力的培养

美术教育通过要求学生对艺术作品进行观察和分析，培养学生的观察和分析能力。学生需要仔细观察作品的细节、构图、色彩运用，并分析艺术家的创作意图和技巧，从而提高自己思维的敏锐度和深度。

2. 比较与推理能力的提升

美术教育还要求学生对不同艺术作品进行比较和推理，从中发现共性和差异，理解作品背后的文化、历史和社会背景。通过比较和推理，学生可以培养自己的逻辑思维能力和批判性思维能力，提高对艺术作品的理解和评价水平。

（二）沟通与表达能力的提升

1. 创作过程中的交流与合作

美术教育强调学生在创作过程中的交流与合作，鼓励他们与老师和同学进行思想交流和作品讨论。通过积极参与到艺术创作的群体性活动中，学生可以分享自己的创作思路和成果，提高自己的沟通和协作能力。

2. 艺术表达能力的训练与提升

美术教育还注重学生艺术表达能力的训练与提升。在创作过程中，学生需要通过作品表达自己的情感、思想和想法。通过绘画、雕塑、摄影等形式的创作，学生可以逐步提高自己的艺术表达水平，展现个性化的艺术风格和审美情趣。

（三）情感的培养和认知

1. 情感表达与情绪管理

美术教育为学生提供了可以自由表达情感和宣泄情绪的平台。在创作过程中，学生可以通过作品表达自己的情感和情绪，如喜怒哀乐、爱恨情仇等，从而增强自我认知和情感管理能力。通过艺术作品的创作与欣赏，学生也能够更好地理解自己的情感状态。

2. 文化与情感认知

美术教育还有助于学生对不同文化背景下艺术作品的情感表达和情感认知进行探索和理解。通过欣赏不同时期、不同风格和不同流派的艺术作品，学生可以感受到不同文化对情感和情绪的表达方式，从而拓宽自己的文化视野和情感体验，增强对多元文化的包容和理解。

第三章　高中美术教学理念与方法

第一节　美术教学理念探讨

一、传统教学理念

（一）基本概念

传统的教学理念在美术教育中占据着重要地位，代表了对传统艺术价值和技法的尊重与传承。这一教学观念强调艺术教育的根基与传统之间的紧密联系，以及对历史文化的理解和尊重。

在传统的教学理念下，学生不仅被教导掌握传统艺术的技法和审美标准，而且被鼓励去深入了解艺术史和不同时期的艺术流派。他们通过学习历代艺术家的作品，领悟艺术创作的演变过程，从而获得对艺术发展脉络的深刻理解。

这种教学理念的重点之一是强调基础技能的培养。学生需要通过反复训练，掌握素描、色彩、构图等基本技法。只有通过大量的基础训练，打下扎实的基本功，才能够在后续的创作中有所表现，并进一步探索个人风格和创新。

传统的教学理念还倡导对传统艺术的尊重和继承。学生通过模仿和研究传统艺术作品，深入理解前人的创作思路和表现手法，从而能够更好地借鉴和吸收前人的经验，为自己的创作提供参考和指导。

（二）具体内容

传统教学注重以下几个方面的内容：

（1）艺术史的学习

学生需要了解和学习艺术史的发展，熟悉不同时期、不同流派的艺术作品和艺术家，从中汲取经验和灵感。

（2）传统技法的掌握

学生应该学习传统的艺术基本技法，包括素描、水彩、油画、雕塑等，以及相关的构图、透视等知识。

（3）规范的遵循

学生需要遵循传统艺术的审美标准，如比例、透视、构图等方面的规范，确保作品的质量和意境的传达。

（三）特点与评价

重视基础训练是传统教学理念的重要特点之一。在传统教学理念下，学生被要求通过对基本技法的反复训练，逐步提高绘画技巧和表现力，包括对素描、色彩、构图等基础技法的熟练掌握。通过大量的练习，培养学生对绘画基本技法的敏感性和熟练度，为后续更高级别的创作打下坚实的基础。这种基础训练不仅有助于提高学生的手绘技能，还培养了他们的观察力和表现力，使其能够更好地表达自己的想法和情感。

强调传承是传统教学理念的另一个显著特点。在传统教学理念下，学生被鼓励学习和应用历代艺术家的经验和技巧。通过研究和模仿传统艺术作品，学生吸收前人的智慧和成就，为自己的创作提供借鉴和参考。这种传承不仅有助于学生对艺术史和传统艺术的了解，还能够启发他们对艺术的理解和创作的灵感。通过传承，学生能够建立起与传统艺术的联系，从而在自己的创作中融入更丰富的文化内涵。

评价标准在传统教学评价体系中往往有着较高的要求。作品评价主要依据学生的技术水平和作品符合传统审美标准的程度，通常还会考虑画面的写实性、结构的合理性及表现手法的传统性等因素，并以此来判断作品的质量和艺术水平。传统教学的评价标准相对固定和规范化，着重于技术性的考量，对学生的技法和表现力提出了较高的要求，确保其作品能够达到一定的艺术水准。

传统教学理念注重基础训练，强调传承优秀传统，实行严格的评价标准，有助于学生建立坚实的艺术基础，培养对传统艺术的尊重和理解，为其未来的艺术发展奠定坚实的基础。

二、现代教学理念

现代教学理念也是美术教育领域中的一种重要的教学观念，其核心是强调创新和个性表达。

（一）基本概念

与传统教学理念相比，现代教学理念打破了传统的审美框架和规范，鼓励学生展现个性化的艺术观点和情感体验。在现代教学理论下，学生被赋予更大的自由和创作空间，以探索和发展自己独特的艺术语言，真实地表达内心的思想和感受。

现代教学理念的基本概念是建立在对传统的反思和超越之上的，它认为传统的审美观念和技法已经无法完全满足当代社会和学生的需求，因此需要不断地进行创新和更新。现代教学理念强调个性化和独创性，鼓励学生从自己的独特视角出发，运用多种媒介和形式，表达对世界的理解和感受。

在现代教学理念中，学生被视为创作者和思想者，而不仅仅是技术的执行者。教师的职责是引导和激发学生的创造力和想象力，为他们提供丰富的艺术资源和启发性的学习环境，鼓励学生自由地探索和实验，不受传统技法和形式的限制，培养其独立思考和创新能力。

（二）特点与评价

现代教学理念具有明显的特点和评价标准，体现了对创新和个性表达的重视，同时也在评价作品时更加注重创意性和表现力。

现代教学注重创意突破。学生被鼓励尝试新的艺术形式、表现方式和创作媒介，以挑战传统的艺术观念和技法。这种特点体现了对艺术创新的追求，鼓励学生在创作中大胆尝试，勇于突破传统束缚，从而创造出具有独特性和前卫性的作品。在现代教学中，创意的突破被视为重要的教育目标之一，为学生提供了展示个人创造力和想象力的舞台。

现代教学强调个性表达。每个学生被视为具有独特个性和审美观点的个体，在作品中被鼓励展现出自己独特的艺术风格和情感体验。学生不受外界框架和规范的束缚，被鼓励真实地表达内心的感受和思想，从而创作出具有个性和深度的作品。这种个性表达的特点使得现代教学理念更加注重培养学生的创作自信和独立思考能力，为其艺术发展提供了广阔的空间。

现代教学理念在评价作品时更加注重创意性和表现力，而不是拘泥于传统的审美标准。评价更加开放和宽容，鼓励学生勇于尝试和创新，并根据其独特的艺术表达方式和个性特点进行评价。这种评价标准体现了对学生个性发展和创作潜力的尊重，为学生提供了更多展示才华和表现能力的机会，同时也鼓励他们在艺术创作中保持创新性和独立性。

三、启发式教学理念

（一）基本概念

启发式教学理念是注重学生自主学习和探究的教学方法。在这种教学理念下，教师不再是传统意义上的知识传授者，而是学生学习的引导者和激发者；教师的角色不再是简单地向学生灌输知识，而是通过提出问题、引导讨论、组织实践等方式，激发学生的思维和想象力，培养其独立思考和解决问题的能力。

在启发式教学理念中，学生被鼓励探索和发展自己的学习兴趣和创造力。他们不再被动地接受知识，而是去主动地探索和发现。通过自主学习和探究，学生能够更深入地理解知识，并将其运用到解决实际问题中。教师的任务是在学生的学习过程中提供指导和支持，帮助他们解决遇到的问题，激发他们的学习动力和创造力。

启发式教学理念注重培养学生独立思考和解决问题的能力。学生通过自主探究和解决问题，不仅能够掌握知识，还能够培养批判性思维、创造性思维和解决问题的能力。这种教学理念有助于学生积极主动地参与学习过程，培养他们的自信心和自主学习能力，提高他们的学习效率和学习成绩。

（二）特点与评价

1. 学生主体性

特点：在启发式教学理念中，学生扮演着主体角色，他们会更积极地参与到学习过程中，不再是被动接受知识，而是通过自主思考和探索，主动构建自己的知识体系。

评价：学生主体性的特点使得教学更趋向于以学生为中心，能够更好地满足不同学生的学习需求。同时，教师应转变教学角色，为学生提供更多的指导和引导，确保学生的学习效果。

2. 自主学习

特点：

（1）培养创造力

启发式教学理念强调学生的自主学习和探究，通过自主学习，学生能够培养自己的创造力和解决问题的能力。他们有更多的机会在实践中发现问题，并寻找解决问题的方法。

（2）发挥个人潜力

自主学习让学生更加自由地选择学习的内容和方式，更好地发挥个人潜能。

他们可以根据自己的兴趣和能力进行学习,提高学习的积极性和主动性。

评价:自主学习有助于培养学生的自主性和创造力,提高其问题解决能力和综合运用知识的能力。同时,教师需要在学生自主学习的过程中给予适当的指导和支持,确保学习的有效性和质量。

3. 评价标准

特点:

(1)注重思维过程

启发式教学的评价更加注重学生的思维过程,而非单纯评价作品。评价的重点在于学生解决问题的方法和思考的深度,而非结果的好坏。

(2)能力导向

评价标准更加注重学生的能力发展,包括解决问题的能力、创新能力、合作与沟通的能力等。评价旨在帮助学生全面发展,而非简单地判断成绩的高低。

评价:这种评价方式能够更好地激发学生的学习积极性和主动性,促进其能力的全面发展。同时也能够更好地反映学生的学习效果和水平,有利于教学的持续改进和优化。

第二节　多元化的美术教学方法

一、高中美术多元化教学的目标与作用

(一)促进学生全面健康地发展

1. 改变传统教学模式

传统的美术教学常常局限于技法传授,忽略了对学生全面发展的关注。多元化教学的引入能够打破这种束缚,创造更具活力和创新性的教学氛围。这样的变革将促进学生的全面发展,不再仅限于技术层面,而是向更广泛的学习和成长领域延伸。

(1)突破传统束缚

传统教学模式往往局限于技法传授,过于注重技术细节,缺乏对学生创造力和表现力的培养。多元化教学的引入能够突破这种束缚,为学生提供更广阔的学习空间,鼓励他们发掘自己的潜能。

(2)营造活力和创新性的教学氛围

通过多元化教学,教师可以营造更富有活力和创新性的教学氛围。例如,通

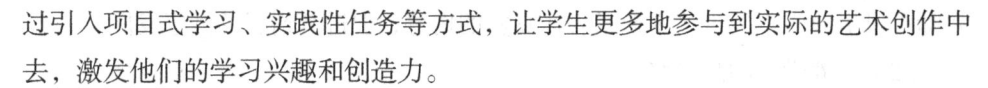

过引入项目式学习、实践性任务等方式，让学生更多地参与到实际的艺术创作中去，激发他们的学习兴趣和创造力。

2. 激发学生学习兴趣

传统的美术教学往往单调乏味，难以激发学生的学习兴趣，而多元化教学的引入可以通过丰富多彩的教学内容和形式，让学生在学习中感受到乐趣和挑战。

（1）引入丰富多彩的教学内容和形式

多元化教学可以引入丰富多彩的教学内容和形式，如素描、水彩、雕塑等不同艺术种类的教学，以及艺术史、文化背景等多方面的知识。这种多样性的教学内容和形式能够满足不同学生的学习需求，激发他们的学习兴趣。

（2）让学生在学习中感受乐趣和挑战

通过设置有趣且具有挑战性的任务，让学生在学习中感受乐趣和成就感。例如，组织学生参加美术比赛、展览等活动，让他们在实践中体验美术创作的乐趣和挑战，从而更加积极地投入学习中。

3. 提升学生的创造力和表现力

多元化教学不仅注重传授技法，更注重培养学生的创造力和表现力。通过引入不同的教学资源和活动形式，激发学生的想象力和创新意识，帮助他们发掘自己的艺术潜能。

（1）引入不同的教学资源和活动形式

多元化教学可以引入丰富多样的教学资源和活动形式，如艺术家讲座、实地考察、艺术作品欣赏等。通过这些活动，学生能够接触到不同的艺术形式和风格，拓宽自己的艺术视野，从而提升自己的创造力和表现力。

（2）培养学生的想象力和创新意识

多元化教学可以通过激发学生的想象力和创新意识，帮助他们更好地发挥创造力和表现力。例如，组织学生进行自由创作、提供自主选择题材的机会等，让他们能够充分发挥自己的想象力和创造力，从而实现全方位的健康发展。

4. 促进学生情感表达和品格培养

多元化的美术教学可以通过情感表达和品格培养促进学生的全面发展。通过让学生参与美术创作、表达自己的情感和思想，培养其情感表达能力和品格修养，实现艺术教育的综合目标。

（1）参与美术创作，表达情感和思想

通过参与美术创作，学生能够表达自己的情感和思想，培养情感表达能力。

教师可以引导学生通过艺术形式表达真实的情感，促进其情感的健康发展。

（2）培养学生的品格修养

多元化的美术教学还可以培养学生的品格修养。例如，通过引导学生观摩名家作品、进行审美评价等活动，培养学生的审美情操和品德修养，促进其品格的健康发展。

（二）拓宽学生知识层面，提高鉴赏能力

1. 丰富教学内容

多元化美术教学的核心在于丰富多样的教学内容，这有助于拓宽学生的知识面，提高其综合素质。

（1）基础绘画技法

基础绘画技法是美术学习的重要基础，包括素描、水彩、油画等不同绘画种类的基本技巧。让学生掌握多种绘画技法，可以为其后续的创作打下坚实基础。

（2）艺术史与艺术理论

了解艺术史和艺术理论是培养学生艺术修养的重要途径。通过学习各个时期的艺术风格、代表作品及其背后的文化和历史背景，学生可以拓宽视野，提升对艺术的理解和欣赏能力。

（3）当代艺术

当代艺术是学生需要了解和掌握的重要内容之一。通过学习当代艺术的发展趋势，以及代表作品背后的思想和理念，学生能够更好地把握当代艺术的脉络，培养对当代艺术的理解和鉴赏能力。

2. 多样化教学方式

多元化美术教学应该采用多样化的教学方式，让学生通过不同的方式和途径学习美术知识，提高学习的积极性和主动性。

（1）示范教学

示范教学是教师向学生展示绘画技法或艺术创作过程的重要方式。通过教师的示范，学生可以直观地了解技法的运用和创作思路，从而更好地理解和掌握知识。

（2）实践操作

实践操作是学生将所学知识应用到实际创作中的关键环节。通过实践操作，学生可以巩固和加深对知识的理解，提高实际操作能力，培养创作技巧和审美能力。

（3）小组讨论

小组讨论是促进学生交流和合作的有效方式。通过小组讨论，学生可以分享自己的想法和观点，从不同的角度审视问题，提高批判性思维和表达能力，丰富艺术鉴赏视野。

（4）实地考察

实地考察是让学生亲身感受艺术的重要途径。通过参观美术馆、画廊、艺术展览等活动，学生可以接触到真实的艺术作品，拓宽艺术视野，提高艺术鉴赏能力。

3. 立体化教学展示

多元化美术教学应该通过立体化的教学展示呈现教学内容，让学生能够全方位地了解和体验美术的魅力，提高艺术鉴赏能力和审美水平。

（1）课堂展示

课堂展示是教师向学生展示作品或讲解艺术知识的重要方式。通过课堂展示，学生可以直观地了解艺术作品的特点和风格，提高自己的艺术鉴赏力。

（2）作品展览

作品展览是学生展示自己作品的重要平台。通过参加作品展览，学生可以向他人展示自己的创作成果，获得他人的反馈和评价，提高自己的创作技巧和审美水平。

（3）艺术活动

艺术活动是学生参与艺术实践的重要途径。通过参加艺术比赛、艺术节等活动，学生可以展示自己的才华和创造力，与他人交流和互动，丰富艺术体验，提高艺术鉴赏能力。

4. 引导学生自主学习

多元化美术教学应该注重引导学生自主学习，培养其自主思考和创造能力，激发其学习兴趣和动力。

（1）启发性学习任务和项目

设计启发性的学习任务和项目是激发学生学习兴趣和动力的有效方式。通过设置开放性的问题和项目，让学生自由发挥想象力和创造力，从而提高学习的积极性和主动性。

（2）学习资源的引导和开发

为学生提供丰富多样的学习资源是培养其自主学习能力的重要途径。教师可以引导学生利用图书馆、网络资源等进行自主学习，从而激发他们的学习兴趣，增强其探索知识的主动性和独立性。

二、多元化教学在高中美术教学中的具体运用

（一）教师身份角色的多元化

在现阶段，高中美术教师需要以更加开放的心态对待多元化教学模式，认识到这些新兴教学模式对日常教学工作创新改革的重要性，并不断提升自身的学习能力和专业素养，更好地将多元化的美术教学内容呈现在学生面前，激发其学习兴趣和艺术潜能。

1. 提高对多元化教学模式的关注度

教师应当正确认识多元化教学模式对教学工作带来的影响，并将其作为教学改革的重要方向之一。多元化教学模式包括项目式学习、合作学习、个性化学习等，在提高学生学习积极性、激发创造力和创新思维等方面发挥着重要作用。

2. 不断加强自我学习

教师应当不断加强自身的学习，不仅要具备扎实的理论基础知识，还要学习和了解最新的教学方法和理念。只有不断提升自身的专业素养，才能更好地将多元化的美术教学内容准确地呈现在学生面前，引导学生探索艺术的无限可能。

3. 将对美术的热爱传递给学生

教师应当将自己对美术的热爱和执着追求传递给学生，激发其对美术的兴趣和热爱。只有让学生真正爱上美术，才能够更好地接受和理解老师传授的知识，从而提高学习的积极性和主动性。

4. 以中国传统山水画为例的教学实践

针对中国传统山水画这一内容，教师应当从多个角度出发进行引导和教学，促进学生的思维发展和艺术素养提升。

（1）理论知识讲解

教师应当对中国传统山水画的历史、特点、技法等方面进行系统讲解，帮助学生建立起对山水画的基本认识和理解。

（2）引导学生表达观点

教师应当鼓励学生表达自己对山水画的看法和观点，引导他们从个人角度出发，思考和探究山水画作品的内涵和意义。

（3）思维启发和创意激发

教师可以运用别具一格的教学方式，如提出反常思维问题、开展小组讨论、

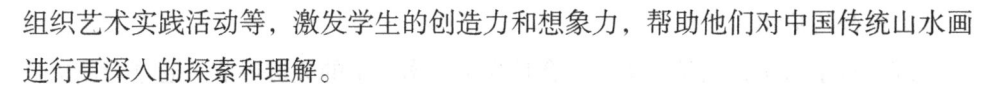

组织艺术实践活动等,激发学生的创造力和想象力,帮助他们对中国传统山水画进行更深入的探索和理解。

(4)沟通交流和个性化指导

教师应当与学生保持良好的沟通交流,根据学生的学习需求和水平,提供个性化的指导和帮助,帮助他们克服困难,提高学习效果。

通过以上教学实践,可以帮助学生建立起对中国传统山水画的正确认识,提高其艺术鉴赏能力和审美水平,促进其全面发展。

(二)理论教学与实践教学的优化整合

1. 深化理论教学

深入学习美术理论知识是学生提高美术水平的重要基础。在高中美术教学中,教师应该通过系统的理论教学,帮助学生掌握扎实的美术理论知识和创作技巧。

(1)美术理论知识的传授

教师应该结合课程内容,向学生传授美术理论知识,包括绘画技法、色彩搭配、构图原理等。通过系统的理论讲解和示范,帮助学生掌握美术创作的基本技能和方法。

(2)创作技巧的训练

在理论教学的基础上,教师还应该注重对学生创作技巧的训练。通过绘画实践、作品分析等方式,引导学生运用所学理论知识,提高创作水平和表现能力。

2. 拓展实践教学

实践教学是学生将理论知识应用到实际创作中的重要途径。在高中美术教学中,教师应该通过丰富多样的实践教学活动,帮助学生将所学知识转化为实际能力。

(1)实地调查与研究

针对特定主题或内容,可以组织学生进行实地调查与研究。例如,针对《天工开物——中国传统工艺美术》这一课,可以带领学生对本地传统工艺美术进行调查研究,让他们了解本地传统工艺美术的发展历程、技艺特点等,从而将理论知识与实际情况相结合。

(2)创作实践与作品展示

通过组织学生参与创作实践活动,如绘画比赛、手工制作、工艺品设计等,可以让学生将所学理论知识应用到实际创作中去,培养其创造力和实践能力。同时,组织作品展示活动,让学生有机会展示自己的作品,分享创作心得,能够提升学生的自信心和表现能力。

3. 整合与应用

理论教学与实践教学的优化整合是高中美术教学的关键环节。通过合理整合理论教学和实践教学，可以更好地引导学生参与到美术教学活动中，激发其对美术的热爱和创作潜能。

（1）理论知识与实践相结合

教师应该在理论教学中引入实践案例，让学生通过实际案例了解理论知识的应用和实践意义。例如，在讲解《天工开物——中国传统工艺美术》一课时，教师可以结合实地调查和研究案例，让学生通过实践了解理论知识的实际应用场景，加深对美术理论的理解和掌握。

（2）学科知识与日常生活融合

教师应该帮助学生将学科知识与日常生活相结合，让他们从生活中寻找灵感和创作素材。通过组织相关实践活动，教师可以引导学生将所学知识应用到日常生活中去，培养其发现美的眼光和审美情趣。

（3）培养综合能力与艺术素养

通过理论教学与实践教学的优化整合，教师不仅可以帮助学生掌握扎实的美术理论知识和创作技巧，还可以培养其综合能力和艺术素养，提升其对美术艺术的热爱和理解。这种综合能力包括对美术作品的分析与评价能力、创作思维和表达能力、团队合作与沟通能力等。

4. 实践案例与启发性教学

（1）实践案例

在教学中，教师可以引导学生参与实践案例，通过实地考察、参观展览、实际操作等方式，让学生亲身体验与感受美术作品和艺术环境，加深对理论知识的理解和记忆。

（2）启发性教学

教师可以采用启发式教学方法，通过提出问题、激发思考、引导探究的方式，激发学生的学习兴趣和创造力。例如，在讲解传统工艺美术时，教师可以提出问题："传统工艺美术在当代社会中的地位和作用是什么？"引导学生思考并展开讨论，激发其对传统工艺美术的认识和理解。

5. 实践效果与学习收获

通过理论教学与实践教学的优化整合，学生可以获得丰富的实践经验和学习收获。

（1）实践效果的体现

学生通过参与实践活动，能够加深对美术理论知识的理解和应用，提高自己的创作水平和审美能力。同时，实践活动也能够培养学生的动手能力和实践能力，增强其综合素质。

（2）学习收获的总结

学生在实践中不仅能够提升美术技能，更能够在日常生活中发现美的存在，提升审美情趣和文化素养。通过对实践经验的总结与反思，学生能够更好地理解和掌握美术知识，养成良好的学习习惯和思维模式。

理论教学与实践教学的优化整合是高中美术教学的重要任务之一。通过合理整合两者，教师可以更好地引导学生参与到美术教学活动中，激发其对美术艺术的热爱和创作潜能，提升其综合素质和艺术素养。这不仅有助于学生在美术课程中取得更好的学习效果，更能够培养其发现美的能力，丰富其精神生活，为其未来的成长和发展打下坚实的基础。

三、示范教学法及其应用

在高中的众多教程中，只有美术这门课程是以满足人们的视觉感受为主的科目，这类课程具有直观性特点。由此可见，在高中美术课堂教学过程中，给学生进行有效的示范，是教学中不可缺少的环节，不仅能够促进学生学习美术的积极性，更利于提高教学效果。

（一）示范教学法的优势

1. 激发学生的学习兴趣

示范教学法在美术教育中被广泛运用，其核心优势之一是能够有效地激发学生对美术课程的学习兴趣。兴趣作为学习的最佳动力，对于学生的学习意愿和积极性具有重要的影响。通过示范教学，教师能够向学生展示各种令人惊叹的艺术作品，让学生在视觉上感受到美术作品所蕴含的魅力和艺术性。这种直观的感受会激发学生内心深处对美术的浓厚兴趣。

美术作品往往具有独特的视觉效果和情感表达，教师通过示范这些作品，能够帮助学生认识到美术作品的多样性和丰富性，引导他们进入美术的世界。例如，教师可以展示不同风格、不同时期和不同流派的绘画作品，让学生感受到文艺复兴时期的精湛技艺、印象派的色彩魔力、现代艺术的前卫表现等。这样的展示不仅可以拓宽学生的美术视野，也可以激发他们对美术的好奇心和探索欲望。

另外，通过示范美术作品，还能够引导学生深入了解艺术作品背后的文化、历史和社会背景，让学生从更广阔的视角去理解和欣赏美术作品。这样的体验不仅能够增强学生的审美情感，还可以培养他们对于艺术的独特理解和感悟。因此，通过示范教学，教师可以在学生心中种下美术的种子，让他们在美术的世界中感受探索的快乐。

2. 培养学生的创新性

示范教学法在培养学生创新性方面发挥着重要作用。传统的教学方式往往强调的是知识的传授和技能的训练，容易使学生陷入机械式的模仿和死记硬背之中，缺乏对于创新思维和创造性表达的培养。通过示范教学，教师能够为学生提供更直观、具体的学习范例，激发学生的创造力和想象力。

首先，示范教学为学生提供了具体的参照物。教师通过示范，向学生展示了艺术创作的可能性和实际操作过程，学生可以从教师的示范中汲取灵感，了解艺术作品的构思、表现手法和技巧，在自己创作时获得指导和启发。这种直观的学习方式有助于学生更好地理解和把握艺术创作的本质，培养其对于美术创作的兴趣和热情。

其次，示范教学鼓励学生勇于尝试和大胆创新。教师示范的作品并不是标准答案，而是学生展开创作的起点。在示范作品的基础上，学生可以展开自己的想象和创意，尝试不同的表现方式和艺术语言，实现对于艺术作品的个性化表达。教师在示范教学中注重的是艺术的表现手法和思维方式，而不是僵化的模式和固定的结果，这为学生提供了广阔的创作空间，使其能够自由地发挥想象力和创新性思维。

最后，示范教学鼓励学生独立思考和探索。通过观摩教师的示范作品，学生可以逐步培养自己的审美观和艺术感知能力，理解艺术作品背后的意义和内涵。同时，学生也被鼓励思考和质疑，探索不同的艺术可能性和表现形式，培养独立思考和批判性思维能力。示范教学为学生提供了积极而富有启发性的学习环境，可激发他们对于艺术创作的兴趣和热情，促进其创新性思维和创造性表达能力的发展。

3. 提高学习效果

有效的示范教学在提高学生的学习效果方面具有显著的作用。通过教师的示范，学生可以获得直观的美术表现技巧和方法，从而更加有针对性地进行学习和实践。首先，示范教学提供了实践的机会。在美术课堂上，教师通常会通过实际

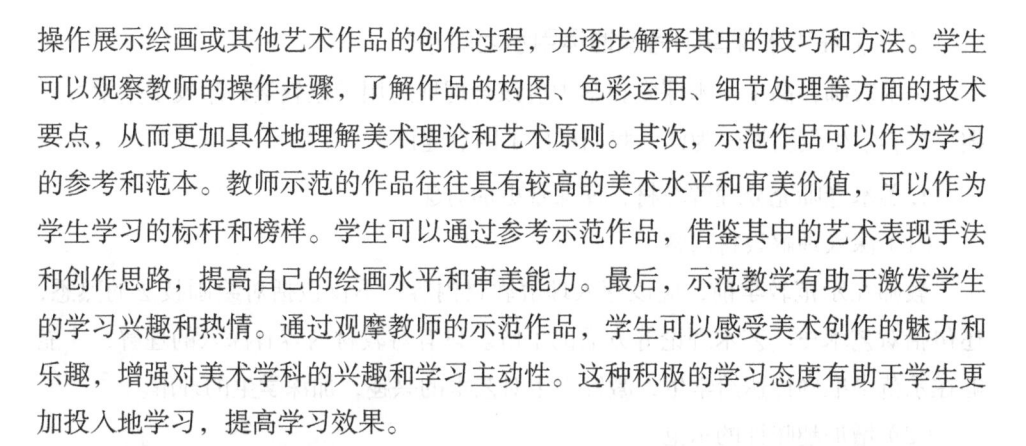

操作展示绘画或其他艺术作品的创作过程,并逐步解释其中的技巧和方法。学生可以观察教师的操作步骤,了解作品的构图、色彩运用、细节处理等方面的技术要点,从而更加具体地理解美术理论和艺术原则。其次,示范作品可以作为学习的参考和范本。教师示范的作品往往具有较高的美术水平和审美价值,可以作为学生学习的标杆和榜样。学生可以通过参考示范作品,借鉴其中的艺术表现手法和创作思路,提高自己的绘画水平和审美能力。最后,示范教学有助于激发学生的学习兴趣和热情。通过观摩教师的示范作品,学生可以感受美术创作的魅力和乐趣,增强对美术学科的兴趣和学习主动性。这种积极的学习态度有助于学生更加投入地学习,提高学习效果。

(二)美术课堂示范教学中普遍存在的问题

1. 教师在美术课堂教学中示范过度

(1)过度侧重示范而忽视对学生创新能力的培养

在高中美术课堂中,一些教师过分侧重于示范绘画技巧和方法,而忽视了对学生创新能力的培养。他们担心学生不理解或不会绘画,因此在示范时往往会详细地、系统地教授绘画方式和技巧。这种过度的示范会让学生产生依赖性,仅仅模仿教师的作品,而缺乏自主思考和创造力。学生被要求按照教师的标准去完成作品,而无法表现个性和独特的创意。

(2)忽视学生的学习兴趣和参与度

过度的示范可能导致学生失去对美术课程的兴趣。当教师过于注重展示自己的绘画技巧时,学生可能会感到枯燥和无聊,因为他们没有机会参与到创作过程中。学生对于自己的作品缺乏情感投入和认同感,影响了他们对美术学习的积极性和学习效果。

2. 教师在美术课堂教学中示范较少

(1)示范较少导致学生学习困难

有些教师在课堂上过于依赖多媒体或口头讲解,而较少进行实际的绘画示范。这种教学方式使学生缺乏实践指导,难以理解和掌握绘画技巧。学生在示范较少的情况下很难理解抽象的美术理论,导致学习效果不佳。

(2)学生创意受到限制,缺乏自主发挥空间

示范较少的教学可能会限制学生的创意发挥和自主思考。缺乏参考和范本,很难启发学生的创造力和想象力。他们可能会陷入迷茫和困惑之中,无法找到创作的方向和灵感,从而导致作品缺乏个性和创新性。

（三）在美术课堂中合理地运用示范教学

美术教师在高中美术课堂教学中应该合理地运用示范教学，激发学生学习兴趣、培养学生创新性。为此，我们提出了四点建议。

1. 美术老师充分理解教材，使课堂更加有趣

（1）深入理解教材内容

教师在示范教学前，应该深入理解教材内容，不仅包括对绘画技法的熟悉，还包括对艺术史、艺术理论等方面的了解。只有对教材内容有深入的理解，才能够在示范中准确传达给学生，激发学生对艺术的兴趣，加深学生的理解。

（2）增加趣味性的示范

示范教学不应该只是简单地模仿教材上的范例，而是应该通过增加趣味性来吸引学生的注意力。教师可以结合生活中的案例或者有趣的故事进行示范，使学生在观摩示范作品的同时，也能够感受到艺术的乐趣和魅力。

（3）引导学生进行想象和创新

示范教学不仅是为了传授技法，更是为了激发学生的想象力和创造力。教师可以在示范过程中引导学生思考，让他们自己去发现问题并解决问题，培养他们的创新意识、表达能力。

（4）鼓励学生提出问题、发表见解

在示范教学中，教师应该鼓励学生提出问题、发表见解。这不仅能够促进师生之间的交流和互动，还能够激发学生对美术的思考和探索欲望。通过与学生的互动，教师可以更好地了解学生的需求和困惑，从而调整教学方法，提升教学效果。

2. 发挥学生的主动性

（1）给予学生选择的权利

教师在示范教学时，应该给予学生选择的权利。不同的学生有不同的兴趣和特长，应该允许学生根据自己的喜好选择绘画题材和表现方式，从而激发他们的学习兴趣和创造力。

（2）提供多样化的教学资源

为了激发学生的主动性，教师应该提供多样化的教学资源，包括绘画材料、艺术书籍、艺术作品等。通过让学生接触不同的艺术作品和艺术文化，帮助他们拓宽视野，激发创新思维。

（3）鼓励学生自主探索

教师在示范教学中应该鼓励学生自主探索。鼓励学生去发现问题、解决问

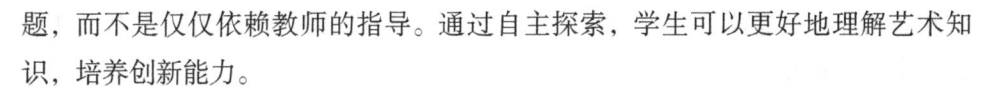

题，而不是仅仅依赖教师的指导。通过自主探索，学生可以更好地理解艺术知识，培养创新能力。

（4）建立合作学习的氛围

在示范教学中，教师可以组织学生进行合作学习。通过小组讨论、合作创作等形式，帮助学生相互学习、相互启发，激发他们的学习兴趣和创造力。

3. 把美术欣赏融入示范教学

（1）引导学生审美情趣

教师在示范教学中应该引导学生培养良好的审美情趣。除了教授绘画技法，还应该向学生介绍不同的艺术作品，让他们了解艺术的多样性和魅力，提升他们的审美水平。

（2）利用艺术作品进行教学

教师可以利用艺术作品进行教学。通过让学生观摩名家作品，分析作品的构图、色彩运用等方面的特点，帮助学生更好地理解绘画技法，激发他们的创新意识。

（3）组织美术展览和参观活动

教师可以组织学生参观美术展览和艺术活动。通过现场观摩和互动交流，让学生深入了解艺术作品的创作背景和艺术家的创作思路，从而提升艺术鉴赏能力。

（4）引导学生进行作品解读

在示范教学中，教师可以引导学生进行作品解读。通过让学生分析艺术作品的主题、寓意等方面的内容，可以帮助他们更深入地理解作品，从而提升审美水平和创新能力。

4. 留给学生自由发挥的空间

（1）创设开放性的学习环境

教师应该创设开放性的学习环境，为学生提供自由发挥的空间。这包括提供足够的绘画材料和工具，让学生可以根据自己的想法和创意进行创作，而不受任何限制。

（2）鼓励学生勇于表达

在示范教学中，教师应该鼓励学生勇于表达自己的想法和感受。每个学生都有自己独特的视角和创意，应该鼓励他们去表达，而不是规范和束缚。

（3）接纳不同的创作风格

教师应该接纳不同的创作风格。每个学生都有自己的风格和特点，应该被尊重和鼓励。在示范教学中，教师应该引导学生发现自己的创作风格，并帮助他们加以发展和完善。

（4）给予学生展示作品的机会

在示范教学结束后，教师应该给予学生展示作品的机会。这不仅可以增强学生的自信心，还可以让他们从他人的作品中获得启发和反思，从而不断提升自己的绘画水平和创造力。

以上四点建议可以帮助教师更好地运用示范教学，激发学生的学习兴趣，培养他们的创新能力，使高中美术课堂教学取得更好的效果。同时，这也有助于营造积极的学习氛围，提升学生的综合素质和艺术修养。

第三节　技术与创作的结合

一、数字技术

（一）数字绘画

数字绘画是一种利用电脑软件和绘画设备进行创作的新型方式，它将传统绘画技术与现代科技相结合，为美术创作带来了全新的可能性和表现形式。

1. 电脑软件与绘画设备

数字绘画的创作主要依赖于电脑软件和绘画设备。学生在进行数字绘画创作时，需要准备一台电脑，并安装相应的绘画软件，如 Adobe Photoshop、Corel、Painter 等。这些软件不仅具有丰富的绘画工具和功能，还提供了多种绘画材料和效果的模拟，使学生能够在数字平台上进行多样化的创作。

在进行数字绘画时，学生还需要配备相应的绘画设备，其中最常见的是数位板和触控笔。数位板是一种外接设备，通常连接到电脑上，其表面带有感应器，可以感知触控笔的位置和运动轨迹，实现在电脑绘画软件上的绘画。而触控笔则是学生在数位板上作画时使用的工具，其形状和手感设计符合人手的习惯，可使绘画过程更加自然和流畅。

通过电脑软件和绘画设备的配合，学生可以展开数字绘画的创作。在绘画软件中，学生可以选择不同的画笔类型来调整笔触、管理图层和操作历史记录等。这些功能使数字绘画不仅能够模拟传统绘画的过程，还能够在此基础上展开更多的创意和实验，创造出独特且丰富多彩的作品。

除此之外，绘画软件还提供了各种绘画效果和滤镜，可以对作品进行后期处理和修饰，使其呈现出不同的风格和效果。学生可以通过尝试不同的绘画工具和效果，不断探索和拓展自己的创作可能性，提高绘画技巧和审美水平。

2. 拓展创作可能性

数字绘画是一种结合了现代科技的创新绘画方式。通过利用电脑软件特有的功能，数字绘画能够为美术创作带来全新的可能性和表现形式。其最显著的优势是能够多次修改和调整的便利性。

在传统绘画中，一旦下笔，就很难对作品进行大的修改或调整。然而在数字绘画中，学生可以利用电脑软件特有的功能，如还原、复制、变形、调整、填充画笔等，对作品进行多次修改和调整。这种灵活性使学生可以在创作过程中尝试各种不同的想法和构图，通过反复修改和调整，不断完善自己的作品，使之更加符合自己的创意和审美要求。

数字绘画的另一个优势是其丰富的色彩和对复杂结构的表现能力。传统绘画受限于画笔和颜料的种类和使用技巧，往往难以达到某些特定效果。而在数字绘画中，学生可以随意选择各种不同的颜色和纹理，通过电脑软件的调色板和画笔工具进行涂抹和填充，创造出丰富多彩、细致复杂的画面。这种灵活性和多样性为学生提供了更广阔的创作空间，激发了他们的创造力和想象力。

因此，数字绘画不仅可以模拟传统绘画的过程和技巧，还能够利用电脑软件特有的功能，拓展美术创作的可能性。通过灵活的修改和调整，以及丰富的色彩和对复杂结构的表现力，学生可以实现更高水平的创作，并创造出更具个性和魅力的作品。这种数字化的绘画方式为美术教育注入了新的活力，促进了学生艺术修养和综合素质的提高。

3. 直观了解绘画过程与技巧

数字绘画软件的应用为学生提供了更加直观的学习和创作体验。通过这些软件，学生可以实时观察和调整绘画效果，更深入地了解绘画过程和技巧。这种直观的体验在多个方面对学生的美术学习和创作水平有着积极的影响。

首先，数字绘画软件提供的丰富的绘画工具和特效功能，使学生能够更加直观地体验绘画过程。例如，软件中提供了各种不同类型的画笔、笔触、调色板等工具，学生可以根据需求和创意选择合适的工具进行绘画。同时，软件还提供了各种特效功能，如模糊、变形、晕染等，学生可以随时对作品进行调整和修改，观察不同效果的变化，从而更好地理解绘画技巧和表现手法。

其次，数字绘画软件能够实时反馈作品的变化，使学生能够及时调整和优化自己的作品。在传统绘画中，学生往往需要等到作品完成后才能观察到效果，难以及时发现和解决问题。而在数字绘画中，学生可以随时观察到作品的变化，及时发现并调整不足之处，提高作品的质量和完整度。

最后，这种直观的体验有助于学生更深入地理解绘画技巧和表现手法。通过不断观察和调整，学生可以逐步掌握绘画中的各种技巧和要点，提高绘画水平和审美能力。同时，这种直观的体验也能够激发学生的创作激情和探索欲望，促进其艺术创作能力的发展。

（二）3D 建模

3D 建模是利用计算机软件通过虚拟三维空间构建出具有三维数据的模型，广泛应用于动画、游戏、建筑设计等领域。在美术教学中，学生可以利用 3D 建模软件进行虚拟立体创作，通过建模、材质贴图、灯光渲染等步骤，创作出具有立体感和逼真效果的作品。

1. 计算机软件与建模技术

计算机软件在 3D 建模中扮演着至关重要的角色。专业的 3D 建模软件如 Autodesk Maya、Blender 等，为学生提供了丰富多样的建模工具和功能。这些软件拥有强大的建模工具和渲染引擎，能够实现从简单的几何体到复杂有机模型的建立和编辑。例如，学生可以利用多边形建模工具创建基本形状，使用 NURBS 建模工具进行曲面建模，或者通过布料模拟等高级功能创建逼真的布料效果。通过这些软件，学生可以灵活地创造各种各样的三维模型，从简单的物体到复杂的场景，实现创作的多样性和丰富性。

建模技术是 3D 建模的关键环节。建模技术是指利用建模软件进行三维模型的建立和编辑的技术方法。学生需要掌握各种建模技术，如基础的几何建模、曲面建模、雕刻建模等，以及相关的工具和操作方法。在 3D 建模过程中，学生需要根据模型的具体要求选择合适的建模技术，并灵活运用各种建模工具进行模型的创作和编辑。通过不断实践和探索，学生可以逐步掌握各种建模技术，提高自己的建模水平和创作能力。

2. 拓展空间想象力与创造能力

3D 建模技术在美术教育中的应用不仅是为了教授技术，更重要的是为学生空间想象力和创造能力的拓展提供强大的工具支持。通过使用建模软件进行创作，学生得以在虚拟空间中尽情地探索、实验和创造，从而理解和把握立体空间。

首先，通过 3D 建模技术，学生可以在虚拟环境中自由地进行创作和编辑。与传统绘画不同，3D 建模技术让学生能够在三维空间内构建和操作物体，更具有真实感和立体感。学生可以通过建模软件中提供的各种建模工具和操作方式，尝试各种不同的形体结构和组合方式，创造出丰富多样的三维模型。这种自由创作的过程不仅能够激发学生的创造力和想象力，还能够锻炼其对于空间的感知和把握能力。

其次，通过 3D 建模技术，学生可以实现对物体的立体观察和理解。在建模过程中，学生需要不断地调整和编辑模型的各个部分，从不同的角度观察和处理，确保模型的完整性和逼真感。这种立体观察和处理的过程，有助于学生更深入地理解和把握物体的立体结构和空间关系，培养其对于空间的敏感度和理解能力。

3. 深入理解形体结构与透视关系

通过使用 3D 建模软件，学生可以更深入地理解形体结构和透视关系，这对于美术学习和创作具有重要的意义。在建模过程中，学生需要考虑物体各个部分之间的比例、关系和透视效果，提高对于立体空间的认知和掌握能力。

首先，通过建模软件，学生可以实现对于物体形体结构的深入理解。在建模过程中，学生需要根据实际对象或者想象中的物体，通过调整各个部分的位置、大小和比例，构建出一个完整的三维模型。这个过程需要学生不断地观察和分析，考虑物体的整体结构和各个部分之间的关系，从而准确地呈现出物体的形态和结构。通过这种实践学习，学生能够深入地理解物体的形体结构，提高对于立体空间的感知和把握能力。

其次，建模软件还能够帮助学生深入理解透视关系。在建模过程中，学生需要考虑到物体在空间中的位置和大小，以及视角的变化对于物体形态的影响。通过调整位置和视角，学生可以观察到物体在不同透视下的表现形式，从而理解透视关系对于物体形态的影响。这种直观的观察和实验，有助于学生更深入地理解透视原理，提高对于空间透视关系的把握能力。

二、传统技法

（一）素描

在高中美术教学中，素描是学生建立绘画基础的重要环节，通过素描训练，学生可以提高对形体结构、光影关系和比例的把握能力。

1. 定义与特点

素描是一种通过线条和阴影描绘形体和空间的绘画技法，是美术创作中最基础、最重要的技法之一，能够帮助画家捕捉并表现物体的形态、结构和质感。

2. 学习意义

在高中美术教学中，素描作为学生建立绘画基础的重要环节，具有以下学习意义：

形体结构把握能力。通过素描训练，学生可以逐渐提高对于形体结构的把握能力，理解并描绘物体的形态和比例关系。

光影关系理解。通过观察和描绘物体的光影变化，学生可以理解光影对于物体形态的塑造作用，提高对光影关系的理解和表现能力。

比例掌握。素描训练有助于学生掌握绘画中物体的比例，准确地表现物体的大小和位置关系。

3. 教学方法与实践

教师可以采用以下方法进行素描教学：

基础练习。引导学生进行基础素描练习，如线条、形体、静物等，帮助他们掌握基本的素描技法和表现手法。

观察写生。组织学生进行实地观察写生，通过观察自然界中的物体形态和光影变化，提高观察力和表现能力。

作品创作。鼓励学生运用素描创作作品，将所学的素描技法应用到实际创作中，培养创作能力和审美观念。

4. 实践与反思

在进行素描实践的过程中，学生应当注重对以下方面的反思和总结：

技法运用。回顾自己的素描作品，反思所运用的线条和阴影表现手法，分析其优缺点并寻找改进方法。

形态表现。思考如何更加准确地描绘物体的形态和结构，通过不断练习提高对形体的把握能力。

观察力提升。反思观察写生的过程，思考自己在观察物体时的不足之处，设法提高自己的观察力和表现能力。

（二）水彩

在高中美术教学中，水彩是学生学习绘画技法的重要内容之一，通过水彩作品的创作，学生可以提高对色彩运用和表现手法的理解和掌握。

1. 定义与特点

水彩是一种使用水作为媒介调和颜料进行绘画的技法，能够通过细腻的表现手法创造出丰富的色彩效果。其特点包括色彩柔和、流动性强。

2. 学习意义

在高中美术教学中，水彩作为重要的绘画技法之一，具有以下学习意义：

色彩运用与表现手法。通过水彩作品的创作，学生可以提高对色彩运用和表现手法的理解和掌握，探索水彩独特的效果和绘画技巧。

表现与创作能力。学生通过水彩作品的创作，可以提高创作技巧和表现能力，丰富艺术语言。

观察与想象的结合。在水彩创作中，学生需要结合观察和想象，将观察到的形象通过水彩的表现手法进行再现，培养自己将观察和想象结合的能力。

3. 教学方法与实践

教师可以采用以下方法进行水彩教学：

色彩理论讲解。引导学生了解色彩的基本理论知识，如色彩搭配、色彩对比等，帮助他们理解和运用水彩的表现效果。

实践演练。组织学生进行水彩基础练习，如色彩混合、笔触的变化等，培养他们对水彩的运用和表现。

作品创作。鼓励学生运用水彩创作作品，表现自己的想法和情感，提高创作能力和表现水平。

4. 实践与反思

在进行水彩实践的过程中，学生应当注重对以下方面的反思和总结：

色彩运用。回顾自己的作品，反思色彩搭配和表现手法，思考如何更好地运用水彩表现主题和情感。

绘画技法。思考水彩的效果和适用范围，分析优缺点并寻找改进方法。

创作思路。反思创作过程中的想法和思路，思考如何通过水彩作品更好地表达自己的观点和情感。

（三）油画

在高中美术教学中，油画是一种常用的绘画形式，通过油画创作，学生可以探索油画的特性和技法，培养自己的审美意识和创作能力。

1. 定义与特点

油画是利用油性颜料进行绘制的绘画形式，可表现浓烈的色彩和丰富的质感效果。它的特点包括色彩饱满、质感丰富、干燥缓慢，适合表现丰富的色彩层次和细致的纹理效果。

2. 学习意义

在高中美术教学中，油画作为重要的绘画形式之一，具有以下学习意义：

材料特性与技法运用。通过油画的学习，学生可以了解油性颜料的特性和油画技法的运用，探索其丰富的表现手法和效果。

色彩层次与质感表现。油画拥有丰富的色彩层次和质感表现，可以帮助学生理解和掌握色彩的深浅、明暗和纹理效果，丰富自己的绘画语言。

审美意识与创作能力。通过油画创作，学生可以培养自己的审美意识和创作能力，表达自己的想法和情感，发展自己的艺术风格和个性。

3. 教学方法与实践

教师可以采用以下方法进行油画教学：

材料与工具介绍。介绍油画所需的材料和工具，如油画颜料、画布、画笔等，让学生了解并熟悉油画的基本工具和用法。

技法演示与练习。演示油画的基本技法和表现手法，如点彩、色块、多层覆盖、直接画法、拼贴、抽象、拓印等，让学生进行实践练习，掌握油画的基本技能。

作品创作与指导。鼓励学生创作油画作品，表达自己的想法和情感，教师给予指导和建议，帮助学生提高作品质量和表现水平。

4. 实践与反思

在进行油画实践的过程中，学生应当注重以下方面的反思和总结：

色彩运用与调配。反思自己的色彩运用和调配技巧，思考如何更好地表现色彩的层次和质感效果，使作品更加丰富和生动。

技法与效果掌握。思考所使用的油画技法和效果的适用范围，分析其优缺点并寻找改进方法，提高自己的绘画技能和表现能力。

主题和表达方式。反思作品的主题和表达方式，思考如何通过油画作品更好地表达自己的想法和情感。

第四章 高中美术素描教学与实践

第一节 素描技法训练与创意发展

一、示范讲解，指导学生掌握科学的观察方法

素描创作是建立在认真观察的基础之上的。在高中美术素描教学中，教师首先要培养学生观察、发现的能力和归纳概括能力，然后再强调作画的方法和技巧，这样才能循序渐进，让学生扎实掌握素描的技巧，为后续创作做好准备。将生活中的静物入画是艺术创作的基本思路。在普通人的眼中，客观世界中的物体形态千差万别、变化无穷，但在绘画者的眼中，物体形态无外乎是几何立方体、圆柱体、球体等基础形及其组合，之所以会出现这种差异，就是因为绘画者能够以专业的眼光对千变万化的复杂物象进行观察和提炼。在素描课上，教师应结合课程特点及考试要求，指导学生对形体、空间、结构、细节、调子等元素进行观察，并通过示范讲解，促使学生掌握以下几种观察方法。

（一）指导学生学会整体观察

1. 引导学生观察整体轮廓

在素描教学中，引导学生观察整体轮廓是至关重要的一环。静物素描作为艺术创作的基础，其核心在于使学生能够准确地把握画面的整体构图，以及物体之间的位置关系。教师在这一过程中扮演着引导者和示范者的角色，通过选择不同的静物组合，如水果、餐具、书籍等，来展示如何观察并把握整体轮廓。

学生在观察整体轮廓时需要注重几个方面。首先，需要以整体的视角观察静物的布局和形态，而不是孤立地看待每个物体。通过将不同物体组合放置于视野中，学生可以理解不同物体之间的位置关系，从而形成对整体画面的把握。这种训练有助于培养学生的整体把握能力，使他们能够在绘画中更准确地安排物体的位置和比例。

其次，需要注意观察物体之间的空间关系，包括物体的远近、大小和重叠关系等。通过观察物体之间的相对位置和大小关系，学生可以更好地理解画面的透视效果，从而使作品更具立体感。

最后，还需要注重观察整体轮廓所呈现的形态特征。不同的静物组合可能呈现出不同的形态特点，通过观察和理解这些形态特点，学生可以更好地把握整体画面的构图，并在绘画中准确地表达出来。

在教学实践中，教师可以通过示范和讲解的方式，引导学生观察整体轮廓，并逐步培养其整体把握能力。通过选择具有代表性的静物组合，并结合实际绘画过程，教师可以帮助学生理解和掌握观察整体轮廓的方法和技巧。这种训练不仅有助于提升学生的绘画技能，还能够培养其对艺术作品整体构图的理解和欣赏能力。

2. 强调局部与整体的关系

在素描教学中，局部与整体的关系是非常重要的。教师在示范和指导学生观察物体时，应特别注重局部与整体之间的相互影响和相互关联。学生需要意识到物体的局部形态、明暗、线条等特征如何在整体构图中发挥作用，以及它们如何相互联系，共同构成完整的画面。

第一，学生需要理解局部与整体之间的相互作用。每个局部都是整体的一部分，它们的形态和特征不但影响整体的表现，而且与其他局部相互关联，共同构成物体的结构和形态。例如，在绘制水果篮子的静物素描时，水果篮子中每个水果、篮子的纹理、篮柄等局部细节都会影响整体画面的效果，而且它们之间的相互关系会决定整体画面的协调性和统一性。

第二，学生需要通过比较不同部分的特征，来理解局部与整体之间的关系。通过观察不同部分的明暗、线条、形状等特征，学生可以更好地理解物体的整体结构。例如，绘制一个水果篮子，学生可以比较水果的明暗关系、篮子的线条和形状，以及篮柄的位置和形态，从而更准确地把握整体画面的结构和比例。

第三，学生需要在写生过程中，准确地处理局部与整体之间的关系。在绘制过程中，学生应该注重每个局部的细节，但同时也要意识到这些局部细节如何服务于整体构图。他们需要不断地比较和调整各个局部之间的关系，确保整体画面的完整性和统一性。依然以绘制水果篮子为例，学生应该注重每个水果的形态和明暗关系，但同时也要注意篮子的线条和形状，以及篮柄的位置和大小，从而确保整个画面的协调和统一。

3. 培养空间感和透视观察能力

在素描教学中，培养学生的空间感和透视观察能力至关重要，教师可以通过引导学生从不同角度观察不同的物体布局来实现这一目标。这种训练不仅有助于学生理解物体之间的远近关系，还能够帮助他们准确地表现物体的立体感和透视效果。

空间感是指学生对三维空间的感知和理解能力。在素描教学中，教师可以通过设置不同的静物布局来训练学生的空间感。例如，让学生观察一个简单的物体组合，如桌子上摆放的水果和书籍，教师可以引导学生观察不同物体之间的远近关系，以及它们在空间中的位置和排列顺序。通过这样的训练，学生可以逐渐提高对空间结构的感知能力，从而更准确地表现物体在画面中的位置和大小关系。

透视观察能力是指学生对物体透视效果的观察和理解能力。在素描教学中，教师可以通过设置不同的物体角度和视角，训练学生的透视观察能力。例如，让学生观察一个简单的房间布局，教师可以引导学生观察不同物体在不同视角下的形态和大小变化，以及它们在透视线上的位置关系。通过这样的训练，学生可以逐渐提高对物体透视效果的理解能力，从而更准确地表现物体在画面中的立体感和透视效果。

（二）指导学生学会比较观察

1. 对比观察

在教学中，教师可以指导学生掌握对比观察的方法，使他们能够更加敏锐地感知不同物体之间的形态差异。比如，学生可以观察比较不同物体的长短、大小、形状等特征，以此来理解它们的差异性。通过这种对比观察的方法，学生可以逐渐提高对物体形态特征的敏感度，从而在创作中更准确地表现不同物体的形态。

2. 探索距离透视的变化

比较观察还包括对物体距离透视效果的观察。教师可以通过设置不同距离的物体引导学生观察它们在画面中的大小和位置变化。通过这种训练，学生可以更深入地理解透视原理，从而在作品中准确地表现远近关系和透视效果。这对于创作具有空间感和立体感的素描作品至关重要。

3. 分析光线的影响

教师还应指导学生观察光线对物体的影响。学生可以比较不同光线条件下物体表面的明暗、光影变化，以此来理解光线对物体形态的塑造作用。通过对光线的比较观察，学生可以更加准确地表现物体的质感和立体感，使作品更加生动和具有真实感。

（三）指导学生学会形体观察

1. 认识基本几何体

教师应引导学生认真观察和理解基本几何体的形态特征。通过示范和练习，学生可以掌握立方体、圆柱体、球体等基本几何体的绘画方法和技巧。这种训练有助于学生在创作中准确地表现物体的基本形态和结构。

2. 联系日常生活中的实物

教师还应鼓励学生将基本几何体与日常生活中的实物联系起来。通过观察和比较，学生可以将日常生活中常见的物体抽象成基本几何体，从而更加准确地把握它们的形态特征。这种训练有助于学生在创作中灵活运用几何体的绘画方法和技巧，提高作品的真实感和立体感。

（四）指导学生学会结构观察

1. 理解物体的内外结构

教师应指导学生观察和理解物体的内外结构。通过示范和练习，学生可以认识到物体的内部结构对外部形态的影响，从而更加准确地表现物体的立体感和质感。这种训练有助于学生在创作中准确地处理物体的结构和细节。

2. 探索人物头部结构的变化

在人物素描教学中，教师可以通过不同角度对人物头部结构进行观察和比较，引导学生理解面部变化和头部透视关系。这种训练有助于学生更加准确地塑造人物头像。

3. 强调细节对整体的影响

教师还应强调细节对整体的影响，引导学生观察和理解物体的细节特征如何与整体结构相互关联。通过比较不同部位的细节特征，学生可以更好地把握物体的结构和形态变化，提高作品的表现力和真实感。

4. 培养对结构的敏感度

教师在教学中应培养学生对物体结构的敏感度。通过观察和分析不同物体的结构特点，学生可以逐渐理解和掌握结构观察的方法和技巧。这种训练有助于学生在创作中准确地表现物体的形态和结构，提高作品的艺术水平和观赏性。

二、灵活指导，训练学生掌握专业的素描技巧

在高中素描课上，教师应重视技巧和方法的指导，让学生能够在认真观察的基础上，灵活运用技巧将物体之美表现出来。技巧的学习不是一蹴而就的，尤其是高中阶段许多学生的素描水平处在"零基础"的状态，他们对于素描需要什么样的技巧、如何应用技巧等缺乏充分认识，在学习过程中自然也会遇到诸多困难。针对此，教师要加强教学指导，优化教学策略，引导学生结合案例理解技巧，并在自主绘画中加以运用，进而融会贯通，扎实素描基础。从素描课教学实践来看，教师可以从以下几个方面指导学生掌握素描技法：

（一）学生欣赏作品，感受绘画对象之美

1. 艺术作品赏析

在高中素描课程中，教师引导学生对艺术作品进行赏析对学生的艺术学习和审美培养起着至关重要的作用。特别是在玻璃器皿的绘画技法教学中，通过对优秀作品的赏析，教师可以帮助学生更深入地理解绘画对象的美感，并激发他们对艺术创作的兴趣与热情。

玻璃器皿作为素描对象，具有独特的形态、结构和光影效果，对学生的绘画能力和艺术表现力提出了挑战。因此，通过赏析优秀作品，学生可以从中获得以下几方面的启发和收获：

首先，通过赏析多幅优秀的玻璃器皿素描作品，学生可以感受到不同作者对于玻璃器皿的形态和结构各具特点的表现方式。例如，一些作品注重器皿的线条轮廓，强调其整体的形态特征；另一些作品则更加注重器皿的细节和质感，通过光影的处理突出器皿的透明度和立体感。这样的比较赏析可以帮助学生拓展对玻璃器皿形态和结构的理解，丰富他们的审美视野。

其次，通过赏析优秀作品，学生可以感受到不同作者对玻璃器皿光影效果独具特色的处理技巧。玻璃器皿的光影效果是素描中的重要挑战之一，因为它具有高度的透明性和反射性。通过观察优秀作品，学生可以学习一些绘画技巧和方法，例如，如何表现器皿表面的光滑度、如何处理反光和折射等。这样的赏析有助于学生提高对光影效果的把握能力，使他们在绘画实践中能够更加准确地表现玻璃器皿的真实感和立体感。

最后，通过赏析优秀作品，学生还可以感受到不同作者的艺术表现风格和个性。每位艺术家都有自己独特的创作风格和表现方式，在作品中表达出自己独特的审美和情感体验。通过比较不同作品之间的差异和特点，学生可以更好地理

解艺术家的创作意图和风格特点，从而受到启发发掘自己的艺术表达方式和个性风格。

2. 技法特点解读

在赏析过程中，解读作品的技法特点是帮助学生深入理解艺术作品的关键环节之一。特别是在赏析素描作品中，教师应重点解读作者所运用的技法，以便学生能够更全面地理解作品的艺术价值和表现意图。

对于玻璃器皿的素描作品，教师可以针对以下几个方面进行技法特点的解读：

首先，关于透明度的表现。玻璃作为透明材料，其特点在于能够透过光线，呈现出明亮清晰的效果。在素描作品中，作者通常会运用透视原理和层次感来表现玻璃器皿的透明感。例如，通过细致的线条勾勒和适当的明暗对比，使观者能够感受到玻璃器皿内外的空间关系和透明效果。

其次，关于反光效果的处理。玻璃器皿表面常常会反射周围环境的光线和景物，产生特殊的反光效果。在素描作品中，作者需要巧妙处理反光部分的明暗和线条，以准确地表现出玻璃器皿表面的反射效果。通过增加反光部分的明度和对比度，使玻璃器皿的反光效果更加真实生动。

再次，关于质感的描绘。玻璃器皿的质感通常包括光滑、透明等特点，作者需要通过线条和阴影的处理来表现这些质感特征。例如，利用细致的线条勾勒和适当的阴影渲染，使玻璃器皿的表面看起来光滑而有光泽，增强其质感和立体感。

最后，关于整体效果的营造。在解读作品的技法特点时，教师还应关注作者如何通过构图、明暗对比和线条运用等方面的技巧来营造整体的艺术效果。通过分析作品的构图结构、线条运用的灵活性和明暗对比的协调性，使学生能够更好地理解作者的创作意图和审美追求。

3. 绘画意识培养

通过作品赏析，帮助学生树立起对绘画的深刻认识和审美意识。这种意识不仅仅是对美和艺术价值的感知，更是对绘画所蕴含的情感和思想的理解。在赏析过程中，学生可以从作品中感受到艺术家的情感和思想，从而引发对艺术的理解和共鸣。

首先，通过作品赏析，学生可以感受到绘画作为一种表达方式所具有的丰富性和多样性。他们可以从作品中领略到艺术家所表达的情感和内涵，进而理解到绘画是一种深刻而丰富的艺术形式。这种意识的培养有助于激发学生对绘画艺术的兴趣和热爱，使他们能够更加全面地理解和欣赏艺术作品。

其次，通过作品赏析，学生可以感受到绘画作为一种情感表达方式所具有的力量和魅力。他们可以从作品中感受到艺术家所表达的情感和情绪，从而引发对艺术作品的情感共鸣和情感体验。这种意识的培养有助于激发学生对情感表达的兴趣和热情，使他们能够更加深入地理解和体验艺术作品所传达的情感和情绪。

最后，通过作品赏析，学生还可以感受到绘画作为一种思想表达方式所具有的深度和广度。他们可以从作品中领略到艺术家所表达的思想和观念，从而思考和探索艺术作品背后所蕴含的思想和内涵。这种意识的培养有助于激发学生对思想表达的兴趣和热情，使他们能够更加深入地理解和思考艺术作品所传达的思想和观念。

（二）讲解作画步骤，明确绘画重点

1. 讲解作画步骤

在教学中，教师应为学生明确作画步骤，帮助他们理清绘画思路。以绘制玻璃器皿素描为例，教师应当详细讲解每个步骤的具体操作，如起形、铺底色、擦结构、刻画、加强质感等。通过系统讲解作画步骤，学生能够清晰地了解绘画过程，准确把握重点和难点。

2. 重点强调技法

在讲解过程中，教师应重点强调绘画的技法要点。例如，在绘制玻璃器皿的素描技法教学中，教师应当重点讲解如何处理透明度、光影效果、反光部位等。通过对技法要点的强调，学生能够更加准确地把握绘画的关键环节，提高作品的表现力和真实感。

3. 实例演示与练习

除了讲解作画步骤和技法要点，教师还应进行实例演示并安排学生进行练习。通过教师的实际操作演示，学生能够直观地了解每个步骤的操作技巧和注意事项。同时，安排学生进行练习，帮助他们巩固所学的技法和方法。通过反复练习，学生能够逐渐掌握绘画的基本技巧和规律。

（三）按步骤创作，巩固绘画技法

1. 指导和支持

在学生进行创作时，教师应提供个性化的指导和支持。针对每个学生的绘画水平和特点，教师可以进行一对一或小组指导，帮助他们解决在作画过程中遇到

的问题和困难。通过针对性的指导，使学生能够更加顺利地完成作品创作，提高绘画技巧水平。

2. 评价与反馈

完成作品后，教师应及时进行作品评价与反馈。教师可以针对每个学生的作品进行具体分析和评价，指出其优点和不足之处，并提出改进意见和建议。通过及时评价与反馈，学生能够深入了解自己的绘画水平，不断完善和提升作品质量。

3. 继续练习与提高

完成作品后，教师还应鼓励学生继续练习和提高。绘画是一门需要不断练习和积累的艺术，只有通过持续努力和实践，学生才能够不断提高绘画技巧和水平。因此，教师应鼓励学生保持绘画的热情和动力，持之以恒地进行练习与创作。

三、鼓励创作，促进学生展开个性化艺术表达

素描是创作者表现和传达思想感情的一种手段。在高中美术日常教学中，教师可以通过展示中外素描名作，引导学生与创作者进行情感交流，充分认识素描在提升造型艺术价值方面的作用，以及素描展现出的独特艺术魅力。当然，在学生建立了扎实的素描理论与实践基础之后，教师还应为学生提供个性表达的机会，让学生能够灵活运用技巧，准确把握创作对象的形体、结构、空间、质感，以及透视变化等，进而融入主观情感，以艺术化的方式实现自我表达。为鼓励学生创作，促使学生实现个性化的艺术表达，教师应整合教学资源，搭建素描创作平台，组织学生参与多元实践，并进行充分锻炼。

（一）指导写生，加强学生日常训练

1. 提供创作机会

在高中素描课程中，教师应该为学生提供充足的创作机会，比如写生。通过写生，学生可以亲自观察、感受并表达所见所感，有助于培养细致观察的习惯和审美感知能力。教师可以组织学生到校园、公园、市场等不同场所进行写生活动，让学生从生活中汲取创作的灵感和素材。

2. 观察与表达的结合

在写生指导中，教师应重视观察与表达的结合。学生不仅需要观察写生对象的外观形态，还要理解其内在结构和特点，并通过绘画手段将所观察到的表达出

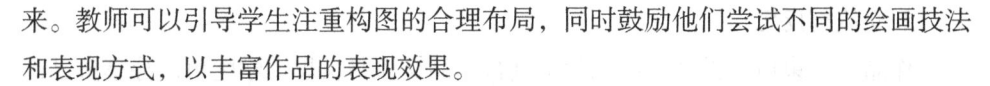

来。教师可以引导学生注重构图的合理布局，同时鼓励他们尝试不同的绘画技法和表现方式，以丰富作品的表现效果。

3. 鼓励个性化创作

在写生活动中，教师应鼓励学生进行个性化的创作。每个学生都有自己独特的审美和创作风格，教师应尊重并引导他们发掘和表达自己的艺术个性。在指导学生进行写生时，教师可以给予学生一定的自由度，让学生根据自己的理解和感受进行创作，并在此过程中为学生提供必要的指导和支持。

（二）组织采风，拓宽学生创作视野

1. 拓展创作素材

教师可以组织学生进行采风活动，拓宽他们的创作视野和素材来源。采风活动可以包括户外风景写生、城市风貌观摩、博物馆参观等，让学生接触不同的环境和场景，激发他们的创作灵感。通过采风活动，学生可以观察和感受不同的自然景观、人文景观和社会现象，从中汲取创作的素材和题材，丰富自己的艺术创作内涵。

2. 艺术修养与感悟

在采风活动中，教师应引导学生注重艺术修养与感悟。学生不仅要关注客观事物的表面形态，还要深入挖掘事物背后的内在意义和情感内涵，通过艺术的视角去观察和理解世界。教师可以组织学生进行素描速写、写生等活动，让他们通过绘画的方式表达对所见所感的体验和理解。

（三）组织作品展，促进学生艺术分享

1. 作品展的意义

作品展是学生展示创作成果、交流学习经验、增进艺术情感的重要平台。通过作品展，学生可以将自己的作品展示给他人，获得来自他人的反馈和认可，同时也可以借此机会欣赏他人的作品，从中获得灵感和启发，促进个人艺术修养的提升。

2. 学生参与展示

教师应组织学生参与作品展的筹备与展示工作。在作品展筹备过程中，教师可以指导学生选择、整理和布置作品，培养他们的展示能力和组织协作能力；在作品展示过程中，教师还可以邀请专业人士或艺术家担任评委，为学生的作品评定和指导提供专业意见。

3. 交流与反思

作品展结束后，教师应组织学生进行作品交流与反思。学生可以分享自己的创作经历、心得体会，以及对他人作品的观感与感受，借此机会相互学习、交流和进步。

第二节 实景写生与解构性训练

一、实景教学方案的设计

第一步：教师的理论讲解。

教学过程中，首先是教师的理论讲解。这一步骤是为了让学生在开始实践之前先了解所要学习的基本内容，掌握基本的绘画理论和绘画知识，为实景教学做好基本准备工作。教师可以通过讲解绘画的基本概念、构图原理、色彩运用等内容，引导学生建立起对绘画的基本认识和理解。此外，教师还可以介绍一些相关的艺术史知识，让学生了解不同时期、不同风格的绘画作品，拓宽他们的艺术视野和审美能力。

第二步：教师现场操作示范。

在理论讲解之后，教师进行现场操作示范。通过教师的示范，学生可以了解操作程序，清楚作画过程，加深对理论的认识，为后续的模仿操作奠定基础。教师可以选取一些简单的绘画技法或者题材，进行现场操作示范，并详细解释每个步骤和技巧要点，让学生能够清晰地理解和准确地模仿。同时，教师还可以借助多媒体工具，如投影仪或电子白板，让学生更直观地观察教师的操作过程。

第三步：提出课程学习要求和绘画技术要求。

在教师示范之后，教师提出课程学习要求和绘画技术要求。这一步骤的目的在于让学生带着任务去学习，带着问题去思考，并回忆教师操作的过程。教师可以明确说明学生需要达到的学习目标和绘画技术要求，激发学生的学习动力和积极性。

第四步：学生进行实践绘画操作。

学生在听取教师讲解和示范之后，进行实践绘画操作。这是教学过程中的核心环节，也是学生自主观察、体会、动手的重要阶段。学生可以根据教师的示范和要求，自主进行绘画实践，通过实践操作运用和巩固所学的绘画理论和技巧。

第五步：教师检查、指导和纠正。

在学生进行实践绘画操作的过程中，教师进行检查、指导和纠正。教师通过检查学生的作品，给予一定的提示和指导，帮助学生克服操作中的困难，并纠正错误，改进不足之处。教师的及时指导和纠正可以帮助学生更好地理解和掌握绘画技巧，提高绘画水平。

第六步：教师对学生作品进行分析。

学生完成操作任务后，教师对学生的作品进行技术分析，指出作品的优点和缺点。通过对学生作品的分析，教师可以帮助学生更全面地认识和评价自己的作品，发现自己的不足之处，也可以鼓励和肯定学生的优点和进步之处。

第七步：教师分析产生问题的原因。

教师对学生操作过程中存在的问题进行认真分析，帮助学生找出问题产生的原因。教师可以通过分析学生的操作过程、思维方式和技术应用等方面，找出问题的根源，为学生提供有效的改进建议和指导方向，避免在下次练习过程中再次犯同样的错误。

第八步：学生在教师的指导下进行总结反思。

以上所有的教学过程完成后，在教师的指导下，学生对自己的学习过程进行总结和反思；总结学习效果，回顾学习收获和成长，发现自己的不足之处，并制定下一步的学习计划和提高措施。通过不断总结和反思，学生可以逐步提升自己的绘画水平和艺术表现力，实现绘画技能的持续提高和进步。

以上是针对高中美术课教学内容设计的实景教学方案，通过理论讲解、现场操作示范、学生实践操作等步骤，可以帮助学生掌握绘画理论和技巧，提高绘画水平，培养学生的艺术创造力和表现能力。

二、实景教学在高中美术教学中的应用

在高中美术教学过程中采用实景教学的方法，一方面可以对学生进行美术知识的教育，另一方面也可以加强对学生的管理，因此，实景教学是高中美术教学中较为实用的模式。在实景教学模式下，应该做好以下几项工作：

（一）选择理想的教学环境

为了创造理想的教学环境，应重点关注以下几个方面：首先，校园环境的美化与规划至关重要。优美的校园场地是高中美术实景教学的理想选择，因此学校应注重绿化，打造景观花园，并设置艺术雕塑等设施，为学生提供丰富的绘画素

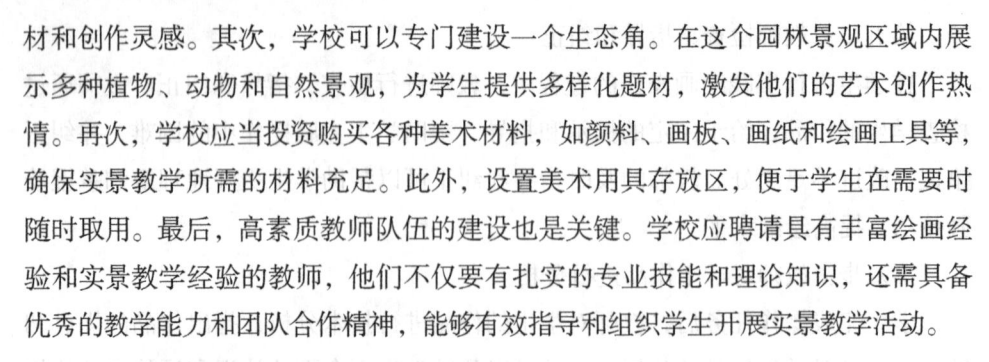

材和创作灵感。其次，学校可以专门建设一个生态角。在这个园林景观区域内展示多种植物、动物和自然景观，为学生提供多样化题材，激发他们的艺术创作热情。再次，学校应当投资购买各种美术材料，如颜料、画板、画纸和绘画工具等，确保实景教学所需的材料充足。此外，设置美术用具存放区，便于学生在需要时随时取用。最后，高素质教师队伍的建设也是关键。学校应聘请具有丰富绘画经验和实景教学经验的教师，他们不仅要有扎实的专业技能和理论知识，还需具备优秀的教学能力和团队合作精神，能够有效指导和组织学生开展实景教学活动。

（二）选择灵活的教学方法

1. 结合传统教学和探究式教学

教师可以结合传统教学和探究式教学方法进行实景教学。在讲解绘画理论知识时，可以采用传统的讲解和示范方式，通过多媒体工具和互动形式帮助学生加深理解。而在实践操作环节，则可以采用探究式教学，让学生通过实际操作和观察，探索绘画技巧和艺术表现方式。

2. 多样化的教学手段和活动设计

教师可以设计丰富多彩的教学活动和任务，如户外写生、自然风景绘画、静物临摹等，满足不同学生的学习需求和兴趣爱好。同时，可以借助多媒体教学、实地考察、小组合作等方式，拓宽学生的学习视野和交流空间，促进学生的全面发展。

（三）重视教师的选配

1. 教师专业知识与实践经验的培养

学校应该加强对美术教师的培训和进修，提升其专业知识和实践经验。教师需要不断学习和探索新的教学理念和方法，适应实景教学模式的需求，为学生提供优质的美术教育服务。

2. 教师团队的建设和合作

学校可以建立美术教师团队，促进教师之间的合作和交流。教师可以相互学习借鉴，共同探讨实景教学的实施方案和教学经验，形成良好的团队合作氛围，提升整个教师队伍的专业水平和教学质量。

（四）学生的积极配合和参与

1. 培养学生的艺术兴趣和创作热情

学校和教师应该积极培养学生的艺术兴趣和创作热情，鼓励其参与实景教学活动。通过丰富多样的美术实践活动和创作任务，引导学生主动参与美术教学，培养其对艺术的热爱和追求，提高其绘画技能和审美水平。

2. 营造良好的学习氛围，倡导团队合作

学校和教师要营造积极向上的学习氛围，鼓励学生勇于探索和实践，培养其自主学习和创新能力。同时，倡导学生之间发扬团队合作和互助精神，促进他们在实景教学活动中相互学习、相互支持，共同提高美术水平。

3. 遵守学习纪律和安全规范

学生在参与实景教学活动时，应该严格遵守学校和教师制定的学习纪律和安全规范，确保教学活动的顺利进行和自身的人身安全。学生要保持注意力集中，听从教师的指导，遵守活动安排，不做与学习无关的事情，做到自觉自律，防止发生意外事故。

通过以上方面的努力和配合，高中美术实景教学模式可以得到有效落实和推广，为学生提供更加丰富、生动和深入的美术学习体验，促进其全面发展和艺术素养的提升。

三、实景写生的实践过程

实景写生作为高中美术教学中的一种重要形式，旨在通过让学生亲身感受、观察和描绘自然环境中的景物，培养其绘画技能、审美能力和艺术情感。这种写生方式能够让学生融入自然环境，感受自然之美，并将这种观察和感受转化为绘画作品，提升其绘画水平和艺术素养。

（一）选择合适的写生场景

选择适宜的写生场景是实景写生活动的首要步骤，场景的选择直接影响学生的写生体验和创作效果，因此，教师在确定写生场景时需要综合考虑教学目标、学生的实际情况及场地条件等因素。

1. 写生场景的多样性

在选择写生场景时，教师应考虑到场景的多样性和丰富性。例如，可以选择公园、田园、山水、建筑群等不同类型的场所，针对不同的题材进行写生，拓展学生的观察和表现范围。

2. 艺术表现的潜力

写生场景应具有艺术表现的潜力，即景物的形态、结构、色彩等特点能够激发学生的创作灵感和兴趣。例如，选择具有独特风景或特殊建筑的场所，可以为学生提供丰富的素材和题材，促使他们产生更具创意的作品。

3. 安全与便利性

在选择写生场景时，教师还需考虑场地的安全性和便利性。场地应当安全、整洁，并具备基本的设施和服务，以保障学生的学习和创作活动顺利进行。同时，也应考虑场地的交通、通风、采光等条件，提供良好的创作环境和舒适的体验。

（二）指导学生观察和记录

指导学生观察和记录是实景写生活动的关键环节，通过观察和记录，学生可以深入了解景物的细节和特点，为后续的绘画实践提供支持。

1. 细致观察

教师应引导学生进行细致入微的观察，包括景物的形态、纹理、光影等方面。通过观察，学生可以更加全面地认识和理解景物，为后续的创作提供丰富的素材和参考。

2. 记录方式的多样性

教师还应鼓励学生尝试多种记录方式，如速写、素描、写生笔记等。不同的记录方式能够带给学生不同的观察和体验，促进其发挥表现能力和创造力。

3. 观察与思考的结合

在观察和记录过程中，教师应引导学生将观察所得与个人的感受和思考相结合，培养其对景物的感知和理解能力。学生可以通过描述景物的形态、色彩和氛围等方面，表达自己的情感和观点，提高自己绘画作品的表现力和深度。

实景写生作为一种体验式的教学方法，能够有效激发学生的学习兴趣和创作热情，培养其对自然环境的热爱和感悟能力。通过实践活动，学生不仅能够提高绘画技能，还能够提升对自然美的理解和欣赏能力，达到全面提升综合素养的目的。

四、解构性训练

解构性训练是高中美术教学的一种专业训练方法，旨在通过对形式、结构和造型的解构分析，帮助学生深入理解艺术作品的构成要素和表现手法，提高审美鉴赏和艺术表现能力。

（一）选择合适的艺术作品

选择合适的艺术作品是解构性训练的首要步骤，通过选取具有代表性和特色的作品，可以为学生提供丰富的解构分析对象，帮助他们深入理解艺术作品的构成要素和表现手法。

1. 艺术作品的多样性

在选择艺术作品时，教师应注意作品的多样性，涵盖不同艺术形式和媒介，如绘画、雕塑、建筑等。这样可以为学生提供更广泛的学习和研究领域，促使他们对不同艺术形式和表现方式有更全面的理解和认识。

2. 具有代表性和特色的作品

教师应选择具有代表性和特色的艺术作品，这些作品可以是不同时期、不同风格、不同流派的代表作品，也可以是具有独特创新和表现力的作品。通过研究这些作品，学生可以了解到不同艺术流派、不同风格的特点和表现方式，拓宽自己的审美视野。

3. 具有艺术深度和内涵的作品

除了具有代表性和特色外，艺术作品的艺术深度和内涵也是选择的重要考量因素。教师可以选取一些具有丰富内涵和深刻意义的作品，如具有时代特色的经典之作或具有深层次表达的现当代艺术作品。通过解构这些作品，学生可以深入探讨作品背后的艺术思想和文化内涵，提升艺术鉴赏能力和文化修养水平。

（二）指导学生进行解构分析

指导学生进行解构分析是解构性训练的核心环节。通过系统化的解构分析，学生可以深入理解艺术作品的构成要素和表现手法，提高审美鉴赏和艺术表现能力。

1. 解构分析的方法和技巧

教师应向学生介绍解构分析的基本方法和技巧。包括形式结构、色彩运用、线条构成等方面。学生可以通过系统化的分析方法，逐步剖析艺术作品的各个要素，深入理解其构成和表现方式。

2. 实例分析和比较研究

教师可以选择一些具体的艺术作品作为案例，引导学生进行实例分析和比较研究。通过对比不同作品的构成要素和表现手法，学生可以更加全面地认识艺术作品的多样性和复杂性，提高自己的分析和评价能力。

3. 鼓励学生独立思考

在解构分析过程中，教师应鼓励学生独立思考和发现问题。学生可以根据自己的理解和观点，提出对艺术作品的独特见解和思考，培养自己独立思考和批判性思维能力。

解构性训练能够帮助学生深入理解艺术作品的构成要素和表现方式，拓展其审美视野和艺术表现能力。通过对艺术作品的解构分析和创作实践，学生不仅能够提高对艺术作品的理解和欣赏水平，还能够培养独立思考和创作能力，为自己未来的艺术发展奠定坚实的基础。

第三节　数字素描与传统技法的融合

一、数字技术在素描教学中的应用

（一）数字绘画软件的介绍与应用

1.Photoshop

Photoshop 是一款功能强大的数字绘画软件，被广泛应用于美术创作、图像编辑和设计领域。它提供了丰富的绘画工具和功能，包括各种笔刷、调色板、图层管理等，能够模拟传统素描过程并实现更多的创作可能性。

2. Procreate

Procreate 是一款专为 iPad 设计的绘画应用软件，也是艺术家和设计师们常用的工具之一。它拥有直观的界面和强大的绘画引擎，支持多种绘画笔刷和图层功能，能够实现高质量的数字素描创作。

3. 教学应用

教师在素描教学中可以发挥数字绘画软件的作用，为学生提供更丰富的学习体验和更高效的学习方式。首先，教师可以向学生介绍数字绘画软件的基本操作和功能，包括如何创建画布、选择绘画工具、调整画笔参数等。通过详细的示范和实践操作，学生可以迅速了解软件的使用方法，并逐步掌握各项功能，为后续的素描创作打下坚实的基础。

在介绍软件功能的过程中，教师可以结合具体的素描教学内容，示范如何利用软件进行线条勾勒、阴影处理、纹理表现等。例如，教师可以演示如何使用不同笔刷模拟铅笔或炭笔的效果，如何调整笔触的厚度和透明度来控制线条的粗细和浓淡。同时，教师还可以示范如何利用软件的图层功能进行分层绘制，以及如何使用色彩和渐变工具进行阴影和光影的处理。通过这些实际操作，学生可以更直观地理解素描技法在数字环境下的应用，加深对软件功能的理解和掌握。

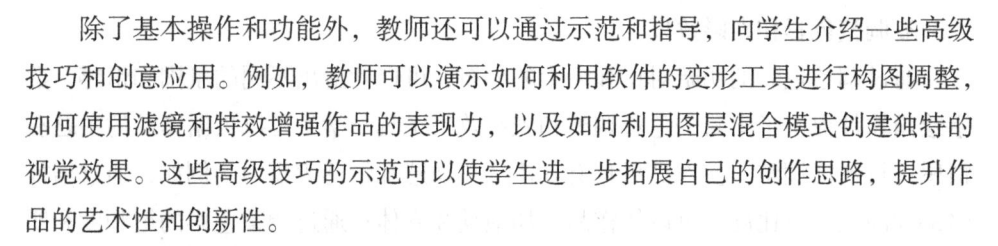

除了基本操作和功能外，教师还可以通过示范和指导，向学生介绍一些高级技巧和创意应用。例如，教师可以演示如何利用软件的变形工具进行构图调整，如何使用滤镜和特效增强作品的表现力，以及如何利用图层混合模式创建独特的视觉效果。这些高级技巧的示范可以使学生进一步拓展自己的创作思路，提升作品的艺术性和创新性。

（二）数字素描的优势与特点

1. 无须额外工具和材料

数字素描无须纸张、铅笔等额外的绘画工具和材料，只需使用电脑、平板电脑或绘画板等设备即可进行创作。相比传统素描，数字素描大大节省了绘画所需的成本和空间，使学生能够更加便利地进行绘画实践。

2. 便于修改和调整

在数字绘画软件中，学生可以随时修改和调整作品，例如更改线条粗细、调整色彩饱和度、增加或删除图层等。这种灵活的修改和调整功能使学生可以更自由地进行创作。

3. 方便保存和分享

数字素描作品可以直接保存在电子设备中，也可以通过互联网轻松分享给他人。学生可以将作品保存在电子设备中，建立个人的数字艺术作品库，方便日后查阅和整理；还可以将作品分享到社交媒体平台或艺术交流论坛上，与他人进行交流，获取反馈，从而促进自己的学习和交流，拓宽视野，提升创作水平。

（三）数字技术与创意表达的结合

1. 使用图层功能进行叠加

数字绘画软件通常具有图层功能，学生可以利用这一功能将不同的线条、色彩和纹理叠加在一起，创造出更加丰富多样的效果。通过叠加不同的图层，学生可以在作品中增加深度、层次和立体感，使作品更加生动和具有视觉冲击力。例如，学生可以先创建一个底层图层绘出基础线稿，然后在不同的图层上添加色彩、纹理和光影效果，逐步丰富作品内容，使作品更具表现力和趣味性。

2. 添加特效和滤镜

数字绘画软件通常还提供各种特效和滤镜，如模糊、纹理效果等。学生可以根据作品的需求选择合适的特效和滤镜，并将其应用到作品中，实现更加个性化和独特的艺术表达。例如，学生可以使用模糊特效营造梦幻般的效果，或者使用纹理效果增加作品的质感和层次感。

3. 调整色彩和光影效果

通过调整色彩的明暗对比和光影的分布，可以营造出不同的氛围和情感。数字绘画软件提供了丰富的色彩调整和光影效果工具，学生可以根据作品的主题和情感进行灵活调整，使作品更具有立体感、动感和情感表现力。例如，通过增加暗部和高光的对比度，可以使作品更加饱满和立体；通过调整色彩的饱和度和明度，可以营造出不同的情绪和氛围。

（四）数字素描作品的展示与评价

数字素描作品的展示与评价是教师进行艺术教学的重要环节。通过展示和评价，可以激发学生的创作热情，提高他们的艺术水平。以下是关于数字素描作品展示与评价的详细内容。

1. 组织学生展示作品

（1）展览活动

教师可以组织学生参加校内外的艺术展览，设置专门的展区或展台，供学生展示数字素描作品。这样的展览活动不仅能够展示学生的创作成果，还能够增强学生的自信心和成就感。

（2）课堂展示

在课堂上，教师可以安排专门的展示时间，让学生将自己的数字素描作品展示给同学和老师。通过课堂展示，学生可以分享彼此的创作经验和心得体会，促进同学之间的交流和合作。

2. 提供针对性的指导和建议

（1）评价标准

教师可以制定具体的评价标准，包括构图、线条运用、色彩搭配、表现力等方面。这些评价标准可以帮助学生了解自己作品的优缺点，有针对性地进行改进。

（2）评价反馈

教师在评价学生作品时，应当客观公正地指出作品的优点和不足之处，并提供具体的改进建议。例如，可以就构图是否合理、线条是否流畅、色彩是否鲜明等方面进行评价，指导学生提高作品的质量和表现力。

（3）个性化指导

鉴于每位学生的绘画水平和风格各不相同，教师应当根据学生的实际情况提供个性化的指导和建议，有针对性地解决学生在创作过程中遇到的问题，帮助他们克服困难，提高艺术表现力。

二、传统技法与数字技术的结合实践

（一）传统素描技法与数字绘画的结合

1. 基础练习

（1）掌握基本技法

传统素描技法是学生学习绘画的基础，通过掌握素描造型的黑白灰关系、明暗交界线的处理等基本技法，可以培养学生准确的观察力和表现力。在基础练习中，学生在纸张上通过铅笔、炭笔等传统绘画工具进行绘画，可以锻炼手眼协调和绘画技巧。

（2）提升绘画能力

通过传统素描的基础练习，学生可以逐步提升绘画能力，加深对线条、阴影、形体结构等绘画要素的理解和掌握，为后续的创作打下坚实的基础。

2. 数字化处理

（1）作品数字化

将传统素描作品进行数字化处理是传统素描技法和数字绘画相结合的重要步骤。学生可以使用扫描仪或数码相机将传统素描作品转换为数字形式，然后导入到数字绘画软件中进行后续处理。

（2）数字绘画软件的运用

在数字绘画软件中，学生可以利用各种绘画工具和功能，对传统素描作品进行进一步的调整、修改和润色。例如，可以通过调整线条粗细、添加色彩、增加细节等方式，提升作品的表现力和趣味性。

（二）数字素描技法与传统表现手法的融合

1. 添加数字效果

（1）选择适当工具

数字绘画软件通常提供了各种功能的工具，如画笔、橡皮擦、涂抹工具等。学生应根据作品的需求选择合适的工具，并熟练掌握它们的使用方法。

（2）添加光影效果

光影效果是数字绘画中常用的特效之一，可以增强作品的立体感和动感。学生可以通过调整画笔的透明度和色彩，模拟出光影的效果，使画面更加生动和有趣。

（3）应用纹理效果

数字绘画软件还提供了各种纹理效果，如皮肤、布料、金属等不同材质的纹理。学生可以根据作品的需要，选择合适的纹理效果，并进行调整和应用，丰富画面的质感和细节。

（4）模糊工具的运用

模糊工具是数字绘画中常用的工具之一，用于营造远近景物的视觉效果，增加画面的空间感和层次感。学生可以在需要突出主题或者营造氛围时，灵活运用模糊工具，使画面更加丰富和立体。

（5）调整色彩和对比度

通过调整色彩的明暗对比和饱和度，可以营造出不同的氛围和情感。例如，增加对比度可以使画面更加生动和饱满，调整色彩的明暗度可以使画面更具立体感和动感。

（6）根据主题和情感表达选择效果

添加数字效果应根据作品的主题和情感表达的需要进行选择。学生可以灵活运用各种数字效果，打造出符合自己风格和创意的作品。

（7）实现个性化的艺术表达

数字效果的添加可以使作品更具个性化和艺术感。学生可以根据自己的创作风格和审美偏好，灵活运用各种数字效果，创作出独具特色的作品，展现个人的艺术魅力和表现力。

2. 保留传统技法

（1）线条勾勒和阴影处理

①保留基本技法

传统素描的基础是线条勾勒和阴影处理。在数字绘画中，学生应继续运用这些基本技法，确保作品的结构清晰、线条流畅，同时保持传统素描的韵味和美感。

②勾勒精确度

学生需要在数字绘画软件中使用精确的绘制工具勾勒形体轮廓和细节。尽管在数字绘画中可以随时进行修改和调整，但仍应注重线条的准确性和流畅性，力求一笔到位，展现传统素描的功底和技巧。

③阴影处理技巧

阴影处理是传统素描中的关键步骤，能够增强画面的立体感和层次感。在数字绘画中，学生可以运用软件中的画笔工具或填充功能模拟阴影效果，同时需要注意阴影的明暗过渡效果，使画面更加生动和具有立体感。

（2）绘画观念与技巧

①传统观念的延续

传统绘画观念是绘画艺术的基础，包括透视、比例、构图等方面的技巧。在数字绘画中，学生应继续学习和应用这些传统观念，确保作品的视觉效果和表现力。

②技巧的运用

透视、比例和构图等传统技巧在数字绘画中同样适用。学生需要通过实践和练习，掌握这些技巧的运用方法，达到画面的合理布局和艺术表现。

③创新与发展

传统绘画技巧与数字绘画的结合，不仅需要学生保持对传统技巧的传承，还需要他们在实践中不断探索创新，发展出适合数字媒介的新技巧和新方法，实现传统与现代的完美结合。

（3）创新与传承

①传统的延续

保留传统技法是对绘画传统的一种延续和弘扬，使学生能够从传统中汲取营养，提升绘画水平和艺术修养。

②创新的拓展

数字效果的引入为传统技法的创新提供了更多可能性。学生可以在保留传统技法的基础上，尝试运用数字效果丰富作品的表现手法和艺术表达，实现传统与现代的有机结合。

③个性化的表达

传统技法与数字效果的融合不仅可以满足传统审美的需求，还能够为学生提供更多的个性化表达方式。学生可以根据自己的创作风格和审美偏好，灵活运用传统技法和数字效果，创作出独具特色的作品。

第五章　高中美术色彩教学与实践

第一节　色彩理论与表现技巧

一、色彩理论在美术教学中的应用

（一）色彩基本概念的教授

1. 色相、明度和饱和度的介绍

教师通过示意图和实物展示向学生介绍色相、明度和饱和度的概念。色相指的是颜色的种类，如红、黄、蓝等；明度表示颜色的明暗程度，从深到浅；饱和度表示颜色的鲜艳程度。学生通过观察和比较不同颜色的明度和饱和度变化，加深对色彩基本概念的理解。

2. 实践操作

在教学中，教师可以组织学生进行实践操作，通过调色、混色等活动，让学生亲自体验和感受色彩的变化和效果。通过实践操作，学生能够更直观地理解色相、明度和饱和度的关系，提高色彩感知力和表现力。

3. 示例分析

教师可以选取一些具有代表性的艺术作品，分析其中的色彩运用和效果，让学生从实践中理解色彩的重要性和作用。通过示例分析，学生能够学习到不同艺术家在作品中运用色彩的技巧和方法，在自己的创作中进行探索和实践。

（二）色环理论的讲解

1. 不同类型的色环介绍

教师向学生介绍不同类型的色环，如赛德勒色环、RYB 色环等，并解释其中的色彩关系和组合原理。通过对不同色环的比较和分析，学生能够理解不同色彩之间的关系和相互作用。

2. 色彩组合原则

教师可以讲解色环中的互补色、三原色、二次色等概念，指导学生掌握色彩的组合原则和搭配技巧。通过实例演示和组织练习，使学生能够掌握如何运用色环理论进行创作和表现。

3. 实践应用

教师可以组织学生进行实践应用活动，让他们根据色环理论进行创作，并分析作品中色彩搭配的效果和意义。通过实践应用，学生能够将理论知识转化为实际操作，提高创作的准确性和表现力。

（三）色彩对比的重要性

1. 介绍色彩对比的概念

教师向学生介绍色彩对比的概念和作用，如冷暖对比、明度对比、饱和度对比等。通过实例分析和组织讨论，让学生了解色彩对比在美术创作中的重要性和应用价值。

2. 示例展示

教师可以选取一些具有代表性的艺术作品，分析其中色彩对比的运用方式和效果。通过示例展示，让学生能够直观地感受到色彩对比在作品中产生的视觉效果和艺术表现力。

3. 实践练习

教师可以设计一些实践练习，让学生通过绘画、拼贴等方式进行色彩对比的实践操作。通过实践练习，学生能够加深对色彩对比原理的理解，并运用在自己的作品中。

（四）色彩心理效应的运用

1. 色彩心理学原理介绍

教师向学生介绍色彩心理学的基本原理，包括不同色彩对人们情绪和情感的影响。通过讲解和案例分析，让学生了解不同色彩对于心理的作用。

2. 情感表达的实践应用

教师可以组织学生根据作品主题和情感表达的需要，运用色彩心理学原理进行创作。通过实践应用，学生能够更好地运用色彩表达自己的情感和思想，增强作品的艺术感染力。

3. 作品分析与评价

教师可以组织学生对彩色作品进行分析与评价，探讨作品中色彩运用的效果和意义。通过作品分析与评价，学生能够从实际作品中学习到色彩心理效应在美术创作中的具体运用和艺术表现方式。

二、色彩表现技巧的训练与实践

（一）色彩混合练习

1. 基础色彩混合练习

在基础色彩混合练习中，教师向学生介绍基本的色彩混合原理，让学生了解到，通过混合两种或多种不同的颜色，可以得到新的颜色。

（1）红色和黄色混合出橙色

学生进行红色和黄色混合的实践操作时会发现，当适当比例的红色和黄色混合在一起时，可以得到橙色。这个过程让学生直观地感受到了色彩混合的原理和效果。

（2）蓝色和黄色混合出绿色

学生进行蓝色和黄色混合的实践操作会发现，适当比例的蓝色和黄色混合在一起后，产生了绿色。这进一步加深了他们对色彩混合原理的理解，同时也培养了他们对颜色属性的敏感度。

2. 中间色练习

在中间色练习之前，教师向学生介绍中间色的概念。中间色指的是由两种原色混合而成的新颜色，如紫色，这个颜色位于色环上两种原色之间。

学生进行蓝色和红色混合的实践操作，尝试混合出紫色。他们会逐步调整两种颜色的比例，直到获得满意的紫色。这个过程让学生感受到了混合不同原色所产生的中间色的变化过程。

3. 渐变效果练习

在渐变效果练习之前，教师向学生介绍渐变效果的概念。渐变效果指的是在画面中呈现出自然流畅的色彩过渡，使画面显得更加生动和立体。

（1）渐变效果的实践操作

学生通过绘画实践尝试渐变效果。他们可以选择不同的场景或对象进行绘制，并通过混合不同比例的颜色呈现出自然的渐变效果。这个过程让学生学会了如何运用不同的色彩混合技巧表现光影效果和立体感。

（2）作品评价与反思

学生完成绘画后，进行作品评价与反思。教师和学生一起讨论各自作品中渐变效果的表现和不足之处，共同探讨如何进一步提升渐变效果的表现力和艺术感染力。

（二）色彩对比实验

1. 冷暖色对比实验

在进行冷暖色对比实验之前，教师先向学生介绍冷暖色的概念。冷色调通常指的是蓝色系和绿色系，给人以清凉、沉静的感觉；暖色调通常指的是红色系和黄色系，给人以温暖、活泼的感觉。

（1）冷暖色对比练习

学生绘制同一静物，一幅使用冷色调进行绘画，另一幅则使用暖色调进行绘画。通过调整色彩的选择和运用，尝试表现出两种不同的画面氛围和情感表达。

（2）作品分析与讨论

完成绘画后，学生们展示并分析自己的作品。教师和学生一起讨论两种不同色调对同一静物的表现效果，探讨冷暖色调对画面氛围和情感表达的影响，有助于学生更加深入地理解色彩在艺术创作中的重要性。

2. 明度对比实验

在进行明度对比实验之前，教师向学生介绍明度对比的概念。明度指的是颜色的明暗程度，明度高的颜色看起来更明亮，明度低的颜色看起来更暗。

（1）明度对比练习

学生选择同一主题或对象，尝试在画面中运用明度差异表现物体的光影效果和形态变化。通过调整色彩的明度和对比度，探索出合适的明度对比，使画面更具立体感和层次感。

（2）作品评价与反思

学生完成绘画后，进行作品评价与反思。教师和学生一起评价每幅作品的明度对比效果，并探讨如何进一步提升作品的光影效果和形态表现。这有助于学生进一步理解明度对比在艺术创作中的重要性，提升他们的绘画技巧。

3. 色相对比实验

在进行色相对比实验之前，教师向学生介绍色相对比的概念。色相对比指的是不同颜色之间的对比关系，如红绿、蓝橙等。

（1）色相对比练习

学生绘制同一静物，尝试使用不同色相进行对比。通过选择不同的色彩组合，探索不同色相对比对画面视觉效果的影响，并表现出不同的情感和氛围。

（2）作品分析与讨论

学生完成绘画后，进行作品分析与讨论。教师和学生一起分析不同色相对比下的作品效果,探讨色相对比对画面整体效果和视觉感受的影响。这有助于学生更深入地理解色相对比在艺术创作中的作用,提升色彩表现能力。

(三)色彩情感表达

1. 情感主题绘画

教师向学生提出具体情感主题,如喜、怒、哀、乐等,并简要介绍每个情感主题所代表的内涵和特点。这些情感主题可以激发学生的情感表达欲望,引导他们用色彩去表达情感内涵和情感体验。

(1)学生绘画创作

学生根据所选择的情感主题进行绘画创作。通过选择适合的色彩、构图和表现手法,试图将自己对情感的理解和体验通过绘画作品表达出来。例如,当表现喜悦时,可以运用明亮、鲜艳的色彩;当表现哀伤时,可以运用暗淡的色彩。

(2)作品展示与讨论

学生完成绘画后,进行作品展示并进行讨论。教师和学生一起观摩和分析每幅作品,探讨作品中色彩运用和构图手法对情感表达的影响。这有助于学生从作品中学习到色彩与情感之间的联系,提升情感表达能力。

2. 作品分析与讨论

(1)分析作品色彩表现方式

学生展示并分析自己的作品,重点关注作品中色彩的运用方式。讨论作品中使用的色彩搭配、明度对比、色彩饱和度等因素对情感表达的影响,并分析不同的色彩表现方式对情感的传达效果。

(2)不同色彩表现方式对情感表达的影响

教师引导学生探讨不同色彩表现方式对情感表达的影响。例如,明亮的色彩可能会增强喜悦和兴奋的情感表达,而暗淡的色彩则更适合表现忧郁和沉重的情感。学生通过讨论可加深对色彩在情感表达中的作用的理解。

3. 情感体验与反思

(1)分享情感体验和感受

学生分享自己对作品情感表达的体验和感受。他们可以描述自己在创作过程中的思考及情感变化,认真了解观众对作品的感受和反馈,从而加深对情感表达的理解和认识。

(2)反思和总结

在分享完情感体验和感受后,学生进行反思和总结。他们可以回顾自己的作品，分析其中存在的不足之处，并制定下一步的改进计划。这有助于学生提高对情感表达的敏感度和表现力，进一步完善创作技巧和艺术表现能力。

第二节　静物与风景色彩表现

一、静物色彩表现的特点与方法

（一）观察静物的色彩特点

1. 观察明暗关系

（1）光源位置的影响

学生需要观察静物在光源下的明暗变化，光源位置不同会导致物体表面阴影和高光部分的位置不同。例如，光源位于物体上方时，物体的下部会呈现阴影，而上部则会出现高光。

（2）凹凸表面的反射

学生可以观察物体表面的凹凸部位，凹陷处会较暗，而凸起部分会更明亮。这种凹凸表面的反射形成了明暗对比，有助于学生理解物体表面的形态和结构。

2. 冷暖色彩对比的分析

（1）冷暖色调的辨识

学生需要辨识静物中存在的冷色调（如蓝色、绿色）和暖色调（如红色、黄色），并注意它们之间的对比关系。例如，在一组静物中，橘子可能呈现暖色调，而葡萄可能呈现冷色调。

（2）对比关系的意义

通过对冷暖色彩对比的观察，学生可以理解不同色调对画面氛围和情感表达的影响。暖色调通常会增加画面的温暖感和活力，而冷色调则给人一种冷静和沉稳的感觉。

3. 饱和度的感知

（1）色彩的饱和度

学生需要观察静物中色彩的鲜艳程度，即色彩的饱和度。例如，成熟的番茄可能呈现出饱和度高、色彩鲜艳的红色，而叶子可能呈现出较低饱和度的绿色。

（2）混合比例的影响

教师可以引导学生探究不同颜料混合比例对色彩饱和度的影响，了解如何通过调节颜料的混合比例控制色彩的饱和度。

（二）掌握色彩表现的技巧

1. 明暗对比和渐变的运用

（1）明暗对比的塑造

学生需要掌握运用色彩的明暗对比描绘静物的立体感。通过在画面中使用明亮的色彩突出光照部分，以及使用深暗的色彩表现阴影部分，使物体在画面中呈现出立体感。

（2）渐变过程的处理

教师可以引导学生学习如何运用渐变过程表现物体表面的平滑和过渡。通过色彩明度和饱和度的变化，使画面呈现出自然流畅的过渡效果，增强作品的视觉吸引力和立体感。

2. 冷暖对比的运用

（1）营造情感氛围

学生需要学会运用色彩的冷暖对比营造画面的情感氛围。通过将冷色调和暖色调巧妙地结合在一起，使画面呈现出丰富多彩的色彩层次，增强作品的表现力和吸引力。

（2）增强光影效果

教师可以示范如何通过色彩的冷暖对比增强画面的光影效果。通过冷暖色调的交替运用，使光影部分更加突出和生动，增强作品的立体感和真实感。

3. 色彩的刻画和表现

（1）质感的描绘

学生需要掌握不同的绘画技法，运用色彩和笔触刻画静物的质感。通过使用不同粗细的笔触运用湿画法或干画法等技巧，使画面呈现出丰富的质感和纹理，增强作品的观赏性和艺术性。

（2）细节的处理

教师可以指导学生在画面中注重对细节的描绘和处理，使静物的各个部分更加生动和细致。通过对色彩的精细运用和细致处理，使画面呈现出丰富的细节和立体感，增强作品的艺术感染力和表现力。

（三）静物绘画实践

1. 写生实践的重要性

（1）培养观察技巧

静物写生实践是培养学生观察力和绘画技巧的重要途径。通过实地观察和绘制静物，学生可以锻炼自己对光影、形态和细节的观察能力，提高绘画的准确性和真实性。

（2）提高色彩运用水平

写生实践有助于学生更加深入地了解和掌握静物的色彩特点和表现方法。通过观察真实的静物，学生可以感受到不同光线下的色彩变化和色彩层次，提高对色彩运用的敏感度和准确性。

（3）提升绘画技巧

通过实践写生，学生可以逐步提升绘画技巧和表现能力。通过实际操作和反复练习，他们可以探索和尝试不同的绘画方法和技巧，发现适合自己的创作方式，提高绘画水平和表现能力。

2. 绘画作品的创作

（1）个性与创意的表达

学生可以根据自己的观察和写生经验，发挥想象力和创造力，创作出具有个性和创意的静物绘画作品；通过表达个人的情感和想法，可以赋予作品更深层次的内涵和表现力。

（2）技法与表现的尝试

学生可以尝试运用不同的色彩表现方法和绘画技巧，探索静物绘画的更多可能；通过实践和尝试，可以发现新的表现方式和艺术语言，拓宽创作视野和表现能力。

3. 作品分享与反思

（1）学习与交流的平台

教师可以提供一个学习与交流的平台，组织学生进行作品分享与反思活动。通过分享自己的作品和观点，学生可以互相借鉴和学习，拓宽自己的艺术视野和思维方式。

（2）发现与提升的机会

通过讨论和反思，学生可以发现自己作品中存在的问题和不足之处，并寻求改进和提升的途径。通过倾听他人的意见和建议，可以不断完善自己的绘画技巧和艺术表现能力，提高作品的质量和水平。

二、风景写生中冷暖色彩搭配

写生是提高学生绘画能力的重要方法，因此在高中美术教学中，教师常常布置写生类的作画任务，考查学生对绘画技巧与色彩搭配的掌握程度。在进行风景写生创作时，很多学生对色彩搭配的认知不清晰、冷暖色调搭配混乱，使绘画作品缺乏层次感。

（一）冷暖色彩概述

1. 色彩冷暖

在绘画中，色彩的冷暖并非指物理上的温度感受，而是指人们对颜色的视觉和情感反应。这种冷暖的感受是人类通过观察自然界而产生的情感体验，是将颜色的视觉效果与个人生活体验相结合的产物。因此，色彩冷暖的感受是主观的，是由个体的生活经历和对周围环境的感知形成的。举例来说，当人们看到红色时，可能会感受到热情和活力，因为红色常被视为代表激情和力量的颜色；当人们看到蓝色时，可能会产生凉爽和安静的感觉，因为蓝色常被认为是象征海洋和天空的颜色。甚至，某些颜色还能唤起人们特定的情感体验，比如黑色可能会引起莫名的伤感或忧郁情绪。这种颜色所带来的情感体验，并不局限于视觉感受，而是与个人的情感、经历及文化背景密切相关。因此，人们往往会将颜色与日常生活经验联系在一起，即使只是听到某种颜色的名字，也会自然而然地联想到与之相关的事物。比如，听到绿色，可能会想到茂盛的森林；听到黄色，可能会想到明媚的阳光。这种主观的颜色体验与个人的生活实践相结合，使人们对色彩的感受更加丰富和深刻。在绘画创作中，艺术家们常常运用色彩的冷暖特性表达自己的情感和思想，通过选择恰当的色彩，能够创造出引起观者共鸣的作品。因此，对色彩冷暖的理解不仅限于视觉效果，更包含了丰富的情感体验和文化内涵，使色彩在艺术创作中具有了更加深远的意义。

2. 色相

色相是色彩的基本属性，描述了色彩所呈现出的质地和面貌。通常以色彩的名称表示不同的色相，比如红色、黄色、蓝色等。色相是色彩的三要素之一，另外两个要素是明度和饱和度。在色相的定义中，可以看到色彩的质地和外观的描述，反映了色彩在人们视觉感知中的特定属性。

每种色相都有其独有的特征，给人带来不同的感受。比如，红色通常被认为是一种温暖的色相，它常常与激情、活力、热情等情感联系在一起。而蓝色则被视为一种冷静、平和的色相，常常让人感受到安宁和冷静的情绪。此外，还有黄色、绿色、橙色等各种色相，它们都具有自己独特的情感表达。

色相的变化会导致人们对色彩冷暖感受的不同。一般而言，色相偏向于红色的被认为是温暖的，而偏向于蓝色的则被认为是寒冷的。这种冷暖感受不仅仅是

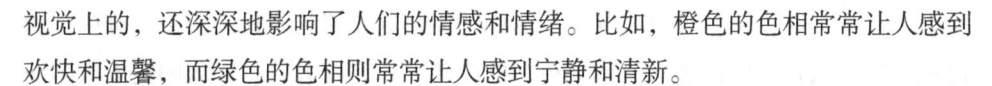

视觉上的，还深深地影响了人们的情感和情绪。比如，橙色的色相常常让人感到欢快和温馨，而绿色的色相则常常让人感到宁静和清新。

3. 色相和冷暖的关系

（1）色相与冷暖相互独立

人们在观察颜色时，经常会下意识地产生冷与暖的感受，说明颜色具有给人带来普遍感受的天然冷暖属性。色相所具有的冷暖属性是根据色彩的冷暖转化而来的，色相与冷暖之间具有相对独立性。印象派画家极其重视对色彩冷暖的搭配，如著名画家莫奈将冷暖色调运用得炉火纯青，他的《日出·印象》以晨雾笼罩下的海港为景象，精准把握色调在不同时段的变化，突出表现了光线氛围变化带给人的感受，展现了一幅奇妙的日出景象。[1]

（2）色相与冷暖无绝对性

色相与冷暖的关系是相对而言的，而非绝对的。世界上的色彩丰富多样，每种颜色都有其独特的色相，而人们对于色彩的冷暖感受也是主观而个体化的。举例来说，黄色可以在不同的色相中表现出不同的冷暖感受。比如，黄绿色相对于常规黄色来说可能会被感受为较为冷的色调，而蓝绿色相对于蓝色则可能会让人感受到更为温暖的气息。因此，色彩的冷暖并不是固定不变的属性，而是取决于色彩的具体表现形式及个体观者的主观感受。

在色彩的对比中，冷暖感受也会发生变化。同一种颜色在不同的色彩对比中可能会带来不同的冷暖感受。比如，在与其他颜色形成对比时，原本被感受为较为温暖的颜色可能会显得更为冷静，而原本被感受为较为凉爽的颜色可能会显得更为温暖。这表明色彩的冷暖不仅仅取决于颜色本身，还受到周围环境和对比色的影响。

个体的文化背景、生活经验、情感状态等因素也会影响对于色彩冷暖感受的认知。不同文化和个体可能会对同一种颜色有不同的冷暖感受，这进一步强调了对色彩冷暖感受的主观性和相对性。

（二）开设风景色彩写生课的意义

为提升学生的色彩运用能力，国内各大美术院校都开设了色彩写生课程，而风景色彩写生课是最核心的课程之一。同时，高中美术教学也引入了风景色彩写生训练，以更好地落实美育目标，增进学生对色彩的了解，丰富学生的情感体验。开设风景色彩写生课主要是为了提升学生的观察力、创造力，丰富学生的想

---

[1] 黎多运.探析风景色彩写生基础教学[J].大观（论坛），2022（1）.

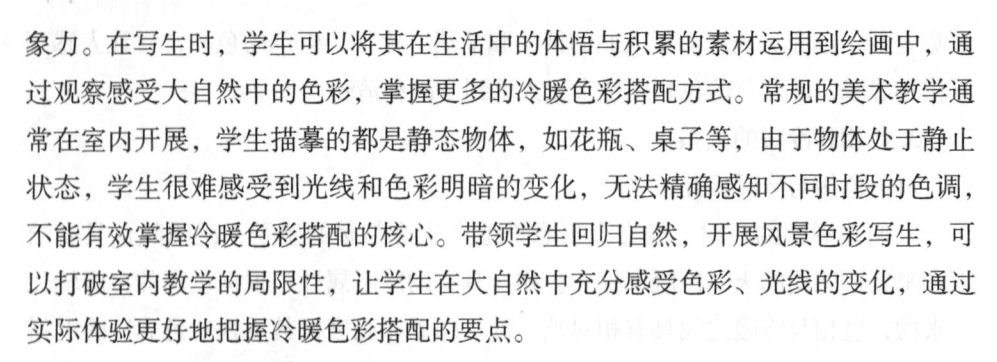

象力。在写生时，学生可以将其在生活中的体悟与积累的素材运用到绘画中，通过观察感受大自然中的色彩，掌握更多的冷暖色彩搭配方式。常规的美术教学通常在室内开展，学生描摹的都是静态物体，如花瓶、桌子等，由于物体处于静止状态，学生很难感受到光线和色彩明暗的变化，无法精确感知不同时段的色调，不能有效掌握冷暖色彩搭配的核心。带领学生回归自然，开展风景色彩写生，可以打破室内教学的局限性，让学生在大自然中充分感受色彩、光线的变化，通过实际体验更好地把握冷暖色彩搭配的要点。

（三）高中美术色彩教学内容

在高中美术教学中，色彩是一个至关重要的教学内容。学生需要掌握色相的基本知识，了解色彩在绘画中的作用和表现形式。色相不仅仅是指单一颜色的呈现，更是整个画面色彩的倾向和氛围，包括暖色调、冷色调、暗调、灰调等。教师在教学过程中应该重视造型与颜色之间的紧密联系，指导学生在掌握形体结构的基础上，正确处理色彩之间的关系，实现画面的视觉平衡和统一。

绘画作品所呈现的是一个立体的视觉效果，因此在教学中，教师需要引导学生做好近、中、远三个层面的划分，并通过色彩的冷暖、明暗和饱和度对比加强空间关系的表现。这样的教学方法能够使学生更加清晰地理解绘画作品中的空间结构和深度感，提高其对画面构图的把握和创作技巧。

除了对色相的理解和运用，教师还应该给学生传授各种色彩搭配的技巧，让学生能够在创作中灵活运用不同色彩，达到协调和统一的效果。通过引导学生进行色彩搭配的实践练习，帮助学生培养对色彩组合的敏感度和创造力，提升其绘画作品的艺术表现力和感染力。

（四）高中美术风景写生课教学现状

当前，高中美术风景写生课程在实际教学中遇到了一些挑战和问题。受到应试教育理念的影响，学生和教师对于这门课程的认识和重视程度不够，导致教学效果不尽如人意。

首先，风景写生教学并非为了培养专业的美术人才，而是为了锻炼学生的思维和创造能力。然而，在当前的教学实践中，由于学生更加注重文化课程的学习，对于美术课程的关注度不高，导致对风景写生的积极性不足。部分学生可能将其视为一种任务而非一种创造性的实践活动，影响了他们的参与度和投入程度。

其次，教师对于户外风景写生的认识和指导不足也是一个问题。风景写生应该是一种主观感受的表达，而不仅仅是对景物的临摹。然而，一些教师在教学中未能充分引导学生通过主观感受去表达景物，导致学生的作品缺乏个性和表现力。这可能与教师自身对于风景写生的认知和理解不足有关，因此需要教师在教学中更加注重对学生主观感受的激发和引导。

最后，丰富而和谐的色彩搭配能够使作品更加生动，但一些教师未能对学生的色彩搭配能力进行有效指导。学生可能仅仅是对色彩进行叠加，缺乏对冷暖色彩搭配的理解和运用。这可能导致学生作品的色彩表现单调，缺乏层次感和立体感。

（五）写生对色彩教学的作用

1. 有助于深化学生对冷暖色彩的理解

在高中美术教学中，风景写生有助于深化学生对冷暖色彩的理解。教师在教学中应该对学生多进行观察，采用集体讨论和讲解名画的方式，引导学生体会色彩转化的理性方法和感性方法之间的区别。通过这种方式，学生可以从理性和感性两个角度理解色彩的冷暖关系，从而更全面地把握色彩的表现方式。

此外，在风景写生的过程中，学生不仅需要观察周围环境的色彩，还需要将所见所感转化为绘画作品。在这个过程中，学生需要进行构图和取舍，将与画面冲突的颜色剔除掉，实现画面与颜色之间的协调与统一。这一过程不仅需要学生对冷暖色彩的理解，还需要他们将理解转化为实践，通过实践加深对色彩搭配的理解和掌握。

需要指出的是，每个学生对颜色的理解都有所不同，因此教师在风景写生教学中应该灵活运用不同的教学方法，满足不同学生的学习需求。通过引导学生实践，可以帮助他们更好地理解色彩的搭配原理，提升他们的色彩表现能力。

2. 有助于深化学生对色彩布局的理解

在高中美术教学中，风景写生是一种重要的教学方法，有助于深化学生对色彩布局的理解。通过风景写生，学生可以在实际的创作过程中直接体会冷暖色彩与画面的布置，提升色彩表现能力和构图技巧。

在风景写生中，同一幅画面可能被不同的学生选择为创作对象，而每个学生对于画面的理解和呈现方式都会有所不同。这种差异主要体现在构图和冷暖色彩搭配上。不同的学生可能会选取不同的关注点和题材，从而呈现出不同的画面构图和色彩布局。这种差异性反映了学生对于画面整体结构和色彩氛围的个人理解和审美观点。

　　冷暖色彩搭配在风景写生中起着至关重要的作用，不同的冷暖色调会直接影响整个画面的视觉效果和氛围表达。教师在教学中应该引导学生注重和谐搭配冷暖色彩，使画面的色彩布局更加统一和生动。通过学习和实践，学生能够逐步掌握冷暖色彩搭配的原理和方法，实现作品的艺术性、生动性和整体性的统一。

（六）冷暖色彩搭配的具体教学策略

1. 确定写生对象

　　为提高风景写生教学质量，在开展风景写生之前，教师需要选择合适的景物作为写生对象。在刚接触写生时，很多学生对于色彩搭配都没有概念，不知道具体如何搭配色彩。所以在进行风景色彩写生时，教师应尽量选择颜色偏浅的景物，这类景物受阳光的折射变化的影响较小，对学生不会产生较大的干扰，能够非常具体和清晰地体现冷暖地色调的搭配，帮助学生更好地把握颜色搭配及色彩变化。另外，在确定写生对象的过程中，教师还要对景物的色彩搭配、形态，以及对空间的反映等内容进行充分考察。在色彩写生的过程中，这几种元素应该紧密地结合在一起，才能真正地体现出色彩对于场景的空间价值。因此，在选择景物的过程中，教师应该优先确定主色调，保证不同的色彩能够相互协调，以便学生能够更好地通过色彩搭配表现景物的基本特点。同时，教师还要根据"先主后次"的原则选择景物，并在选择的过程中体现出适当的景物对比。[1]

2. 规划写生的时间

　　确定写生的时间是风景写生教学中的重要环节。在规划写生时间时，教师应该考虑多个因素，确保学生能够在最佳的条件下进行写生活动。

　　首先，选择天气晴好的时间段非常关键。晴朗的天气能够提供充足的自然光线，使画面更加清晰明亮，色彩更加生动鲜明。因此，教师应该在天气晴朗的日子安排写生活动，确保学生能够充分利用良好的光线条件进行绘画。

　　其次，为了让学生深刻感受冷暖色彩搭配的变化，教师可以组织学生在同一地点的不同时间段进行写生。不同时间段的光线条件会使景物的色彩呈现出不同的变化，因此学生可以通过观察不同时间段的景物来了解光线对色彩的影响，以及不同色彩给人带来的感受。考虑到学生的学习时间紧张，教师需要合理安排写生时间，确保在满足学生绘画学习需求的同时提高教学效率。可以将写生活动安排在课外时间或者周末，确保学生有足够的时间进行绘画创作。

---

[1] 全少莉. 对高中美术校园风景写生的教学探索 [J]. 文艺生活（艺术中国），2020（12）.

再次，在外出写生之前，教师可以引导学生进行临摹练习，让他们对色彩、构图和绘画技法有一定的了解和掌握。这样可以有效提高学生的绘画水平，减少在写生过程中的犹豫和迷茫。

最后，教师还应该针对学生在写生过程中可能遇到的共性问题进行整理和归纳，并进行重点讲解。这样可以帮助学生在写生训练中更加有效地运用所学知识，掌握绘画技巧，提高绘画水平和艺术表现能力。

整体而言，合理规划写生时间是风景写生教学中确保教学效果的关键一环。

3. 采用大小景相结合的写生方式

在风景写生教学中，采用大小景相结合的方式是一种有效的教学方法。大景和小景都是写生中常见的对象，它们各自有着不同的特点和表现形式，通过结合两者进行写生，可以使学生全面地了解色彩的冷暖搭配规律，提高绘画技巧和表现能力。

首先，从大景出发可以帮助学生整体把握画面的色调与冷暖关系。大景通常指占据画面主体位置的景物，如山川河流、远处的建筑等。学生可以通过观察大景的冷暖色调变化，初步感受色彩的冷暖搭配，从而在绘画过程中更好地把握整体色彩的协调与统一。

其次，随着学生对大景冷暖色调的熟练掌握，可以引导学生进行小景绘画。小景通常指具体的事物，如树木、花草、建筑等。通过绘制小景，学生可以更加细致地观察和描绘细节，进一步加深对色彩搭配规律和技巧的理解。

采用大小景相结合的方式，有助于学生全面掌握冷暖色彩的搭配规律和技巧。此外，教师还可以引导学生在特定场景下选择合适的色彩和风景进行写生，如春天的翠绿、夏天的墨绿、秋天的黄金等，让学生从自然中汲取灵感，激发创作热情。

在教学实践中，教师应该注重引导学生观察和感受自然风景的色彩变化，培养学生对冷暖色彩的敏感度和表现能力。同时，通过大小景相结合的写生方式，提高学生的绘画技巧，增强其对自然景物的感知能力，丰富创作的内涵和表现形式。整体而言，大小景相结合的写生方式为学生提供了丰富的创作素材和艺术启发，有助于提升学生的绘画水平和审美素养。

4. 为学生创造良好的写生练习条件

大自然中有丰富的写生资源，在条件允许的前提下，教师可适当开展假期风景色彩写生活动，带领学生领略祖国的大好河山，感知大自然中冷暖色彩搭配的多样性，丰富学生的色彩体验，开阔学生的视野，提升学生的冷暖色彩搭配能力。此外，教师也可以组织学生前往周边的公园及郊外开展风景写生活动，使学生在风景写生实践活动中提升色彩搭配能力，提升美术核心素养。

综上，在高中美术冷暖色彩搭配的教学中，教师应为学生创造良好的写生条件，提升学生的观察力，使学生有效掌握色彩搭配技巧，为写生创作奠定基础。

第三节　彩色媒材与材料应用

一、探索不同材料的特性

（一）水彩

1. 水彩颜料的透明性和溶解性

（1）水彩颜料的组成和特性

水彩颜料主要由颜料、胶凝剂和水组成，其中水是其主要成分。这种成分组合赋予了水彩颜料独特的透明性和流动性，也使其成为水彩绘画的特点之一。

（2）透明性的重要性

水彩颜料的透明性使绘画时可以通过颜色叠加产生更加丰富的效果。不同的水彩颜色具有不同程度的透明性，因此学生在使用水彩时需要对颜料的透明性有所了解，以便更好地控制绘画效果。

（3）水量与颜料溶解的关系

水彩颜料的溶解性取决于水的使用量，学生需要通过实践探索不同水量对颜料溶解程度的影响。适当的水量可以使颜料溶解均匀，产生柔和的色彩过渡效果，而过多或过少的水量则可能导致颜料浓度不均匀，影响绘画效果。

2. 色彩过渡和渲染效果

（1）实现柔和的色彩过渡

水彩颜料的透明性使颜色可以互相渗透，产生柔和的色彩过渡效果。学生使用湿画法，即在纸张上薄涂一层清水，再涂抹颜料，能够使颜料在水的作用下自然融合，产生渐变的色彩效果。

（2）控制水彩颜料的浓度

学生可以通过调节水量控制水彩颜料的浓度，把控色彩的深浅。较浓的颜料可以产生鲜明的色彩效果，而较淡的颜料则可以产生柔和的色彩过渡效果，增加作品的立体感和层次感。

（3）湿画法与干画法的选择

学生可以根据作品的需求选择不同的绘画技法，如湿画法和干画法。湿画法适用于需要柔和色彩过渡的部分，而干画法则适用于需要较为清晰和饱满的色彩效果的部分。

3. 技法探索

（1）湿画法的应用

学生可以尝试使用湿画法，在纸上铺水后，再着色。这种技法可以产生柔和的色彩过渡效果，增加作品的层次感和立体感。

（2）湿笔法的运用

湿笔法可以产生透明的色彩效果，使颜色更加柔和生动。

（3）干笔法的实践

干笔法是一种直接在干燥的纸张上涂抹颜料的技法，适用于需要清晰和饱满色彩效果的部分，如细节描绘和线条的强调。

4. 技法练习与应用

（1）练习色彩过渡

学生可以通过练习色彩过渡技巧，如单色渐变、多色渐变等，提高色彩表现能力。

（2）尝试湿画法和干画法的结合

学生可以尝试将湿画法和干画法相结合，创造出更加丰富的绘画效果。例如，可以先使用湿画法绘制背景和底色，然后再使用干画法在干燥的背景上绘制主体部分和细节，突出作品的重点，增强作品的立体感。

（二）油画

油画颜料的饱满和稳定性使它成为艺术家常用的绘画媒材之一。其特点在于：

1. 色彩的饱满和持久性

油画颜料的色彩饱满而持久，是由其成分及制作过程决定的。油画颜料通常由颜料颗粒与植物油（如亚麻油或葵花籽油）混合而成，颜料颗粒较为粗大，使色彩更加饱满和丰富。同时，植物油具有良好的固化效果，使油画作品在固化后能够保持长久的色彩稳定性，不易受到外界因素的影响，如光线、湿度等，增强了作品的持久性和观赏价值。

2. 质感和厚重感的表现

油画颜料具有较强的延展性和质感，使学生能够在画布上创造出丰富的质感和层次。通过调节画笔的压力、颜料的浓度以油画介质的使用，学生可以实现作品的质感和厚重感。使用画笔的不同部位或不同类型的画笔，可以产生不同的质地效果，如粗糙、细腻、光滑等，增加作品的立体感和观赏性。

3. 光影的表现

油画颜料的稳定性和延展性为学生提供了更多表现光影的可能性。通过层层叠加颜料，使用不同的画笔和工具，可以模拟出光线的折射和反射，创造出具有立体感和动态感的光影效果。学生可以利用油画颜料的延展性，通过多次叠加、涂抹和擦拭，表现出光线在不同物体表面上的反射、折射和阴影效果，使作品更加生动、真实，增强观众的沉浸感和审美体验。

（三）彩色铅笔

1. 颜色的均匀性和可控性

（1）颜色均匀性

彩色铅笔通常颜色均匀、质地细腻，能够在绘画过程中提供稳定且连贯的色彩表现。学生在选择彩色铅笔时应注意观察铅芯的质地和颜色的均匀程度，确保绘制出的线条和色彩均匀一致。

（2）颜色可控性

彩色铅笔具有良好的可控性，学生可以准确地控制线条的粗细和色彩的浓淡。通过控制手的力度和绘画的速度，学生可以轻松地调整颜色的深浅，实现细致的表现效果。

（3）技巧提示

为了更好地掌握彩色铅笔颜色的均匀性和可控性，学生可以多加练习，尝试在绘画过程中调整手势和压力，获得所需的线条和色彩效果。同时，选择适合自己绘画风格和需求的彩色铅笔品牌、型号也是十分重要的。

2. 叠加和混合技巧

（1）叠加效果

彩色铅笔具有良好的可叠加性，学生可以通过多次涂抹同一颜色或不同颜色，实现色彩的叠加效果。这种叠加可以增加色彩的饱和度和层次感，使作品更加丰富多彩。

（2）混合技巧

除了叠加颜色外，还可以尝试通过混合不同颜色的铅笔，实现更丰富的色彩效果。可以使用叠加色彩的方法，交替使用不同颜色的铅笔，逐渐混合和融合颜色，创造出独特的色彩效果和过渡效果。

（3）技巧提示

学生可以在绘画过程中反复尝试叠加和混合颜色的技巧，探索出适合自己的绘画方法和风格。同时，还可以尝试使用不同硬度的铅笔，获得更加丰富和细腻的色彩效果。

3. 渐变色彩和细微过渡效果

（1）渐变色彩

彩色铅笔适用于细致和精细的绘画工作，学生可以通过调整铅笔的压力和涂抹的速度，实现渐变色彩效果。可以在绘画过程中逐渐改变颜色的深浅和明暗度，创造出丰富的色彩层次和渐变效果。

（2）细微过渡效果

可以尝试使用不同的铅笔尖头和涂抹方法，实现细微的色彩过渡效果。可以使用铅笔的侧面或尖端，轻轻涂抹颜色，逐渐将不同颜色融合在一起，创造出柔和细腻的色彩过渡效果。

（3）技巧提示

为了达到理想的渐变色彩和细微过渡效果，可以在绘画过程中耐心细致地涂抹和调整颜色，注意控制绘画的力度和速度，实现所需的色彩效果。同时，还可以尝试使用不同硬度的铅笔和不同类型的纸张，获得更加丰富和细腻的绘画效果。

二、实践应用各种绘画工具

（一）画笔

1. 毛笔

毛笔是一种传统的绘画工具，起源于中国古代，常用于中国画等艺术形式。毛笔的特点在于其笔触柔软、弹性好，能够产生流畅自然的线条效果。学生在使用毛笔时，需要控制笔尖的湿度和笔触的压力，以实现不同粗细、轻重的线条，从而表现出各种形态。毛笔的使用使中国工笔画、山水画、写意花鸟画等具有独特的传统韵味，能够体现出中国画的气韵和魅力。

2. 柳叶笔

柳叶笔是一种传统的绘画工具，常用于中国画等艺术形式。柳叶笔的特点在于其笔触硬而有弹性，适合绘制粗犷和流畅的线条。学生在使用柳叶笔时，可以通过力度和角度的变化，绘制动态的线条，锻炼手腕的灵活性和笔墨的节奏感。柳叶笔的使用对于山水画、花鸟画等具有传统风格的作品非常适用，能够表现出作品的生动性和韵味。

3. 尼龙笔

尼龙笔是一种现代的绘画工具，常用于绘制细节清晰的作品，如插画、写实绘画等。尼龙笔的特点在于其笔触细腻、弹性适中，能够精确地表现出细节和纹理。学生在使用尼龙笔时，可以通过轻轻的笔触和适度的压力，绘制出精细的线条和细节，增加作品的真实感和立体感。尼龙笔适用于插画、肖像画等细致精美的作品，能够准确地表现出对象的特征和表情。

（二）调色板

1. 色彩混合技巧

（1）颜料比例和混合方式的掌握

学生应熟练掌握不同颜料之间的混合规律和效果，包括了解基本的色彩理论知识，如原色、间色和补色的关系，以及在调色板上混合颜料时颜色的变化规律。通过在调色板上混合红、黄、蓝三原色，可以得到其他所有色彩，而颜料的不同比例和混合方式则会产生不同的色调和色彩效果。

（2）实现色调的渐变和过渡

学生应在调色板上练习如何通过调整颜料的比例和混合方式，实现色调的渐变和过渡。这包括了解如何将一个颜色过渡到另一个颜色，如何调整色彩的明暗和饱和度，以及如何利用混合色彩的层次感和透明度丰富作品的色彩层次和表现效果。

2. 色彩调节能力

（1）颜料浓度和明度的调节

学生应培养自己的色彩调节能力，掌握如何调节颜料的浓度和明度，实现不同色彩效果的表现，包括通过控制颜料的浓度和涂抹的厚度，实现颜色的深浅变化和立体效果。例如，通过在调色板上添加白色或黑色颜料，可以调节颜色的明度和深浅，使作品的色调更加丰富和立体。

（2）色彩效果的实现

学生应在调色板上练习如何利用颜料的透明性和覆盖性，实现不同色彩效果

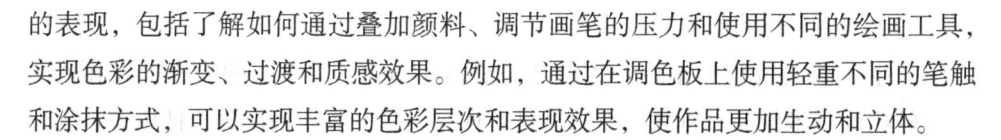

的表现，包括了解如何通过叠加颜料、调节画笔的压力和使用不同的绘画工具，实现色彩的渐变、过渡和质感效果。例如，通过在调色板上使用轻重不同的笔触和涂抹方式，可以实现丰富的色彩层次和表现效果，使作品更加生动和立体。

（三）纸张

1. 吸水性和透明性

（1）水彩纸

水彩纸通常具有较强的吸水性和透明性，能够有效地吸附水彩颜料，并保持颜料的透明度和流动性。这种特性使水彩纸适用于水彩和以水为媒介的绘画，能够产生清晰明亮的色彩效果和丰富的渐变效果。

（2）油画纸

油画纸通常质地厚实，能够承受油画颜料的涂抹和叠加。它的表面通常比较光滑，能够有效展现油画颜料的质感和层次感。

（3）素描纸

素描纸的吸水性和透明性相对较低，表面通常较粗糙。这种特性使其适合用于铅笔、炭笔等干性媒介的绘画，能够产生清晰的线条和较强的明暗效果。

2. 质地和纹理

纸张的质地决定了其表面的光滑程度，直接影响绘画笔触和线条效果。纸张的纹理对绘画的视觉效果和表现风格也有重要影响：粗糙的纹理会使颜料在纸面上产生颗粒状的效果，增加作品的质感和层次感；光滑的纹理更适合细腻的绘画技法，能够产生清晰的线条和细节。

三、灵活运用于创作中

（一）创作主题

1. 个人情感与体验

（1）选择绘画材料和工具

学生可以根据自己的情感和体验选择合适的绘画材料和工具，更好地表达内心的情感和情绪。例如，表达清新愉悦的情感和向往，可以选择水彩颜料作为画材，利用其透明、柔和的特性表现出清新的色彩和轻盈的笔触；表达厚重丰富的情感和思考，可以选择油画颜料，利用其浓郁的色彩和丰富的质感表现内心的情感。

（2）情感和体验的表达

学生可以通过绘画作品表达自己的情感和体验，将个人的内心世界和情感状态转化为艺术作品。例如，可以通过表现自然景色、人物形象或抽象符号等方式，表达自己对于自然、生活、人生等方面的感悟和体验，让观众能够感受到作品中所蕴含的情感。

2. 社会现实与抒发

（1）选择社会现实作为主题

学生可以选择社会现实作为创作主题，通过绘画作品抒发对社会问题和现实状况的关注和思考。例如，可以选择城市景观、社会人物、社会事件等作为创作对象，通过绘画作品反映社会的变迁和冲突，引发观众对社会现实的思考和讨论。

（2）情感与生活状态的反映

学生可以利用绘画作品表现社会人文情感和生活状态，通过绘画中人物形象、场景布置等方面的描绘，反映人类情感、生活状态和社会心理。例如，可以通过素描描绘城市街头的喧嚣与孤寂，表现现代都市生活中人们的心理状态和生活压力，引发观众对现代社会生活的思考和共鸣。

（二）实践经验

1. 多样化的实践探索

（1）参加绘画工作坊和课程

学生可以通过参加绘画工作坊和课程进行多样化的实践探索。这些工作坊和课程通常由专业艺术家或教育机构开设，涵盖了对各种绘画材料和技法的理论知识讲授和实践。在这些活动中，学生可以学习新的绘画技能、认识不同的绘画风格，拓宽自己的艺术视野和绘画技能。

（2）参加实地写生活动

实地写生是一种重要的绘画实践方式，可以让学生亲身观察和感受生活中的各种景象和场景，锻炼自己的观察力和表现能力。学生可以选择不同的写生地点和主题，如自然风景、城市建筑、人物肖像等，通过实地写生活动探索不同的绘画主题和表现方式。

2. 反思和总结

（1）记录绘画实践的感受和收获

学生在实践过程中应该及时记录下自己的感受和收获。这些记录可以包括绘画过程中遇到的问题、解决方法、学到的新技能等内容，有助于学生对自己的绘画实践进行深入思考和总结。

（2）分析作品的优缺点

学生应该对自己的绘画作品进行客观分析，找出作品的优缺点。通过分析作品的构图、色彩运用、线条表现等方面，学生可以发现自己在绘画中存在的问题，寻找改进和提高的方法。

（3）思考如何改进和提高

学生应该思考如何改进和提高自己的绘画水平和艺术表现能力。这包括不断学习新的绘画技巧和理论知识，积极参加绘画比赛和展览，与其他学生和艺术家交流分享经验，从而不断提升自己的绘画水平和艺术品质。

四、多媒材结合的创新尝试

（一）多媒材组合

1. 水彩与软粉笔的结合

（1）水彩的透明质感与软粉笔的柔软质地相结合

水彩颜料具有透明质感和柔和的色彩，而软粉笔则具有柔软的质地和丰富的色彩。学生可以先使用水彩绘制出底色和基本轮廓，然后利用软粉笔进行色彩渲染和细节处理，增强作品的色彩层次和质感效果。

（2）创造丰富多样的色彩层次和质感效果

学生可以通过水彩与软粉笔的结合，创造出丰富多样的色彩层次和质感效果。例如，可以运用水彩创造出柔和的底色和过渡效果，然后利用软粉笔进行色彩的深化和细节的表现，使作品更加生动和立体。

2. 油画与彩色铅笔的混合使用

（1）油画颜料的饱满性与彩色铅笔的精细性相结合

油画颜料具有饱满和丰富的色彩，而彩色铅笔则具有精细的线条和色彩。学生可以使用油画颜料先进行基本构图和绘制底色，然后利用彩色铅笔进行细节描绘和色彩渲染，增强作品的质感和细节表现。

（2）创造丰富的色彩层次和立体感

学生可以通过油画与彩色铅笔的混合使用，创造出丰富的色彩层次和立体感。例如，可以先利用油画颜料创造出丰富的色彩层次和质感效果，再利用彩色铅笔进行细腻的线条描绘和色彩点缀，使作品更加生动和立体。

（二）创新实践

鼓励学生开展创新实践是色彩教学中的重要环节。通过挑战传统材料和工具的使用方式，学生可以探索新的艺术表现方式，拓展色彩表达的新路径和可能性。其中，将数字绘画技术与传统绘画技法相结合是一种创新的尝试。通过利用数字绘画软件进行创作和后期处理，学生可以在数字环境中实现对色彩、线条和形态的自由操控，创造出丰富多样的艺术效果。这种方法不仅可以提高学生对数字工具的应用能力，还可以激发他们的创造力和想象力，促进他们对色彩表达的深入理解和探索。

同时，艺术跨界的创作实践也是一种值得鼓励的创新方式。学生可以尝试将其他艺术媒介和形式，如摄影、雕塑等，与绘画相结合，创造出更具表现力和观赏性的作品。例如，可以将绘画与摄影相结合，通过拍摄特定场景或物体，然后在照片上进行绘制加工和润色，实现图像的再创作和再构思。这种艺术跨界的创作实践不仅可以丰富作品的形式和内容，还可以促进学生综合能力和创作思维的发展，提升作品的艺术表现力和观赏性。因此，鼓励学生开展创新实践，不断探索和尝试新的艺术表现方式，对于推动色彩教学的发展和提升学生的艺术修养具有重要意义。

第六章 高中美术立体教学与实践

第一节 立体构成与空间表现

一、立体构成的基本原理与方法

立体构成是指在画面中通过线条、形状、阴影等手法，表现出物体的立体感和空间感。掌握立体构成的基本原理与方法，对于学生深入理解和表现物体的形态至关重要。

（一）透视原理

透视是立体构成的基础，通过透视法可以在平面上准确表现出物体的远近关系和立体感。学生需要了解以下几种透视原理：

1. 一点透视

（1）基本原理

一点透视是指在画面上只有一个消失点的透视法。在一点透视中，平行的线条会在远处相交于一个点，这个点称为消失点。通过连接物体上的关键点至消失点，可以表现出物体的立体感和远近关系。

（2）应用方法

学生在利用一点透视原理绘图时，需要确定好画面中的消失点位置，并将物体上的关键点与消失点相连接，这样可以形成透视线。通过透视线的引导，学生可以准确地表现出物体的立体感和远近效果。

2. 两点透视

（1）基本原理

两点透视又叫成角透视，物体仅有铅垂轮廓线与画面平行，而另外两组水平的主向轮廓线均与画面斜向相交，形成两个消失点来表现物体的立体感。

（2）应用方法

学生在利用两点透视原理绘图时，需要确定好画面中两个消失点的位置，并将物体分别与对应的消失点相连接。这样形成的两个方向的透视线，可以更准确地表现出物体的立体感和远近关系。

3. 三点透视

（1）基本原理

三点透视又叫倾斜透视，一般用于表现高层建筑及俯瞰图、仰视图。画面中有三个消失点，两个消失在地平线上，另一个根据站点的高低，消失在天空或地面。三点透视能够使画面更加立体和有气势。

（2）应用方法

在利用三点透视原理绘图时，学生需要确定好画面中三个消失点的位置，分别对应水平方向、垂直方向，然后将物体上的关键点与对应的消失点相连接，形成透视线，从而准确表现出物体的立体感和远近关系。

（二）空间关系

立体构成还需要考虑物体之间的空间关系，包括前后关系、大小关系和高低关系等。学生需要通过观察和实践，掌握不同物体之间的空间位置和比例关系，确保画面的立体感和视觉冲击力。

1. 前后关系

（1）观察与实践

学生需要通过观察和实践，掌握物体之间的前后关系。在画面中，远处的物体通常表现为模糊或细节不清晰，而近处的物体则更加清晰和具体。这种差异性可以通过调整线条的粗细、色彩的饱和度等方式来表现。

（2）远近感表现

通过模糊处理远处物体或者加强近处物体的细节，可以更好地表现出画面的远近。这样的处理能够使画面更加深远和立体，视野更为广阔。

2. 大小关系

（1）准确把握比例

学生需要准确把握物体在画面上的大小比例关系。根据远近关系，远处的物体应该显得较小，近处的物体应该显得较大。通过合理调整物体的大小比例，可以增强画面的立体感和逼真度。

（2）远近关系调整

随着物体远离观者，其在画面上的大小应该逐渐减小，而且远处的物体应该比近处的物体更加模糊。学生可以通过透视原理和色彩处理等技巧调整远近关系，使画面更具有立体感。

3. 高低关系

（1）阴影与明暗处理

高低关系涉及物体在垂直方向上的位置关系。通过合理的阴影和明暗处理，可以准确地表现出物体在空间中的高低关系。

（2）投影与反射

物体的高低关系还受到光线的影响。学生需要考虑光线的投射和反射，确定物体在画面中的高度。通过合理处理光影效果，可以使画面更具有真实感和立体感。

（三）阴影处理

阴影是表现物体立体感的重要手段之一。学生需要学会观察物体的光影变化，并通过运用适当的阴影处理方法来增强立体感。这包括了解光源的位置和方向，以及阴影的形成规律等。

1. 光源与阴影

（1）光源位置

学生需要理解光源的位置对物体产生阴影的影响。光源的位置决定了物体的阴影方向和形态。例如，光源位于物体上方时，产生的阴影将向物体的下方投射。

（2）光线方向

光线的方向也影响阴影的形成。学生需要注意光线的入射角度和方向，以便正确表现物体的阴影。例如，斜射的光线会产生较长的阴影，而垂直入射的光线则会产生较短的阴影。

2. 阴影的渐变

（1）光影渐变

阴影并非一成不变，而是会随着光线的强弱和角度的变化而产生渐变效果。学生需要观察自然光下物体阴影的变化，了解阴影的渐变规律。通常情况下，阴影的边缘会比较明亮，向阴影中心逐渐变暗。

（2）颜色与明暗

阴影的明暗度也受到光线的影响。在画面中，学生需要通过适当调整阴影的颜色和明暗度来表现物体的立体感。一般情况下，阴影的颜色会比物体的实际颜色更暗，明暗度与光线的强弱成正比关系。

（四）构图与比例

合理的构图和准确的比例是立体构成的基础。学生需要通过构图练习和比例分析，掌握物体在画面中的位置和比例关系，确保作品的整体效果和真实度。

1. 构图设计

（1）画面布局

合理的构图设计是增强画面立体感和空间感的关键。学生需要考虑画面的整体布局，通过安排物体的位置和大小来达到良好的视觉效果。常见的构图方式包括中心构图、对角线构图和黄金分割构图等。

（2）前景与背景

在构图设计中，学生需要合理安排前景和背景元素，以增强画面的空间感。通过设置前景物体和远处景物，可以使画面更具有层次感。

2. 比例关系

（1）准确把握大小比例

学生需要准确把握物体在画面中的大小比例关系。根据物体在空间中的远近关系和角度，适当调整物体的大小，使其符合实际的透视效果。

（2）远近关系调整

远处的物体应该比近处的物体显小，这种远近关系的调整可以通过透视原理来实现。学生需要根据透视原理，将远处的物体适当缩小，增强画面的空间感。

二、空间表现技巧的培养与实践

除了掌握立体构成的基本原理与方法外，学生还需要通过实践活动和作品创作，不断培养和提升空间表现技巧。

（一）静物写生

1. 观察与分析

（1）仔细观察

静物写生的第一步是仔细观察所选静物的形态、结构和空间关系，学生需要花时间观察物体的外形轮廓、纹理细节及光影变化。

（2）分析物体关系

观察后，学生应分析物体各部分之间的相互关系，包括大小比例、远近关系等。这有助于学生更好地把握物体的立体感和空间感。

2. 素描练习

（1）线条表现

静物写生常伴随着素描练习，学生通过线条表现物体的形态和结构，需要运用不同粗细、深浅的线条描绘物体的轮廓和纹理。

（2）阴影处理

在素描中，学生也需要运用阴影来表现物体的立体感。通过施加适当的阴影，能够使物体更加立体化，增强画面的空间感。

（二）景物绘制

1. 透视与比例

（1）透视原理

绘制建筑、风景等景物时，学生需要运用透视原理来表现空间的深度和远近感。透视原理包括一点透视、两点透视和三点透视等，学生需要根据景物的特点选择合适的透视方法。

（2）准确比例

正确的比例关系对于表现景物的立体感和真实感至关重要。学生需要通过观察和测量，准确把握景物各部分的大小和位置关系，使其与透视效果相协调，增强画面的立体感和真实感。

2. 色彩运用

（1）明暗对比

色彩的明暗对比是表现景物立体感的重要手段之一。学生需要掌握运用明暗对比来突出景物的立体效果，通过对色彩的明度和饱和度进行调整，增强画面的层次感和立体感。

（2）光影效果

光影效果是绘制景物时需要特别注意的部分。学生需要观察真实场景中光线的照射和阴影的分布，运用适当的色彩表现景物的光影效果，使画面更加生动和真实。

（三）立体造型

1. 材料选择与塑造

（1）材料选择

学生可以根据作品的需求和个人喜好选择不同的材料进行立体造型实践。常用的材料包括黏土、纸张、木材、塑料等，每种材料都有其特性和独特的适用场景。

（2）塑造技巧

选择材料后，学生需要掌握相应的塑造技巧。这包括了解材料的特性和可塑性，运用合适的工具和方法进行雕刻、捏塑、拼贴等操作，将平面的构思转化为立体的形态。

2. 触感与质感

（1）触感表现

学生在进行立体造型时，需要考虑物体的触感特征。通过塑造材料的表面纹理、形态和质地等因素，可以有效地表现出物体的触感，增强作品的真实感和观赏性。

（2）质感处理

除了触感，质感也是立体造型中需要重视的方面。学生可以通过运用不同的色彩、光影和材料处理技巧，使作品呈现出不同的质感，如光滑、粗糙、细腻等，增强作品的表现力，丰富作品的艺术效果。

（四）空间设计

1. 远景规划

（1）设计需求分析

学生参与空间设计项目时，需要对设计需求进行全面分析和理解。需要考虑展品或场景的类型、展示目的、观众群体等因素，确定设计方向和内容。

（2）空间布局规划

在设计过程中，学生需要进行有效的空间布局规划。应考虑展品的摆放位置、空间分区、动线设计等，确保观众可以顺利浏览并获得良好的视觉体验。

2. 实践与反思

（1）实际操作

学生通过实际操作参与空间设计项目，将理论知识转化为实践能力。需要运用设计原理和技巧，利用各种元素和材料进行场景布置和装饰，创造出具有美感和功能性的空间环境。

（2）经验总结与反思

在参与空间设计项目的过程中，学生应不断总结经验并进行反思。可以评估设计方案的实际效果，分析存在的问题和不足，并寻求改进的方法和策略，不断提升自己的设计水平和创造力。

第二节 材料雕塑与装置创作

一、不同材料在雕塑教学中的应用

（一）黏土雕塑

黏土是雕塑教学中常用的材料之一，因其易塑性和柔软性而备受青睐。学生通过黏土雕塑可以进行立体造型的实践，创造出丰富的形态和表情。

1. 黏土雕塑的特点和创作方法

黏土雕塑有以下特点和创作方法：

（1）易塑性

黏土作为一种常见的雕塑材料，具有良好的易塑性，这是其在美术教学中被广泛应用的重要原因之一。其主要特点包括：

易于塑形。黏土具有柔软、易塑的特性，学生可以轻松地通过手工捏塑、切割、拼接等方式，塑造出各种形态的作品。

变化丰富。由于黏土的柔软性，学生可以随意改变作品的形状、大小和细节，创造出丰富多样的表现形式，展现出个性化的创作风格。

（2）表现力强

黏土雕塑在表现力上有着独特的优势，主要体现在以下几个方面：

细节展现。由于黏土易于加工和塑造，学生可以较为轻松地表现作品的细节，如人物的面部表情、动物的毛发纹理等，增强作品的真实感和立体感。

实验性强。学生可以在雕塑过程中多次修改和调整，探索不同的形式和结构，培养更加灵活的创作思维和表现能力。

（3）实践操作

黏土雕塑的实践操作对学生的综合能力和创造力的培养具有重要意义，具体体现在：

手工技能。通过黏土雕塑的实践，学生可以锻炼手部协调能力和精细动作能力，提高手工技能水平。

空间想象力。在雕塑过程中，学生需要不断地思考和想象作品的整体结构和空间关系，培养空间想象力和表现能力。

（4）创作方法

除了基本的手工捏塑外，还可以通过以下方法丰富黏土雕塑的创作形式：

拼接法。利用黏土的粘附性，学生可以将不同形状的黏土块拼接在一起，创造出更为复杂的形态和结构。

模具法。学生可以使用预先制作好的模具，将黏土填充进模具中，制作出具有规则形状的部件，然后再进行组合和装配。

混合材料法。将黏土与其他材料如木材、布料等相结合，创造出更丰富的雕塑作品，增加作品的多样性和趣味性。

2. 高中美术教材中黏土类相关课程的分析

（1）人民美术出版社出版（后简称"人美版"）的教材

人美版高中美术教材《工艺》中，黏土课程的内容贯穿于整本教材，从多个角度展示了黏土艺术的鉴赏、创作、传承及现代化创新。在第一单元第二课《工艺之美》中，通过对陶瓷、彩塑（图1）、青铜器（图2）、编织等作品的鉴赏，学生可以了解到黏土作为一种重要的工艺材料在人类文明发展中的地位和作用。教材着重介绍了这些作品的艺术特色、形式美感及装饰方法，为学生提供了丰富的艺术信息和审美体验。

图1　古代彩塑 　　　　图2　西周青铜器

在第二单元第一课的《陶瓷工艺》中，安排了需要动手制作的黏土课程。学生不仅能够通过课程了解陶瓷的成型方式、装饰工艺及烧成工艺等基本知识，还能亲自动手制作，深入体验黏土艺术的魅力，培养动手能力和审美情趣。

在第三单元第一课《保护传统手工艺》中，教材呈现了一系列与黏土相关的传统手工艺作品，如瓷盘、大阿福泥塑（图3）等。这些作品的展示旨在唤起学生对传统手工艺的重视与尊重，引导他们认识到文化传承与保护的重要性，同时也为学生提供了更多关于黏土艺术的视觉资料和启示。

图 3　大阿福　惠山泥人彩塑（清代）

在人美版高中美术教材《雕塑》一书中也有黏土相关的内容，例如第一单元第一课《探究雕塑艺术的审美特征》中有民间雕塑惠山泥人（图4）、天津"泥人张"（图5）等图片欣赏；第二单元第三课《绚丽的民间彩塑》中讲解了"惠山泥人"的制作流程，并要求学生掌握基本技法，制作高力士人物泥塑。

图 4　惠山泥人彩塑　　　　　图 5　天津"泥人张"彩塑

（2）人民教育出版社（后简称"人教版"）的教材

人教版高中美术教材《雕塑》及《工艺》中涉及黏土的相关内容展现了多样性与实用性的特点。在第三课《塑绘结合的彩塑》和第四课《各种材料的雕塑》中，黏土被作为主要材料之一。这些课程设计允许学生自由选择适合的材料进行制作，拓展了学生的创作自由度和创意发挥空间。此外，课程内容并未限制在传统工艺的范畴内，而是通过结合塑绘、彩塑等方式，使学生在雕塑创作中可以多方面探索各种材料的应用，培养审美意识和创造力。

《工艺》中的第四课《鸟巢的设计与制作》突出了黏土的实用性应用。通过设计与制作鸟巢等实用物件，学生不仅能够学习到传统工艺技法，还可以将其应用于现代生活中，增强学习的实用性和可操作性。而在第十课《陶瓷造型工艺制作》一课中，学生除了可以学习传统的陶瓷制作工艺外，还能够运用现代工艺技术和设计理念，创作出符合当代审美和实用需求的作品。

（二）石膏雕塑

石膏作为一种质地坚硬、稳定性高的雕塑材料，在雕塑教学中常用于细节刻画和精细加工。学生可以运用石膏进行雕塑作品的制作，培养耐心和专注力。石膏雕塑有以下特点：

1. 适合细节刻画

石膏特殊的质地非常适合进行细致的雕刻和细节的刻画。学生可以利用石膏材料表现作品的各种细节和纹理，从而更好地呈现雕塑作品的立体感和质感。通过细致的雕刻过程，学生不仅可以提升雕塑技巧，还可以培养耐心和专注力，对美术素养和技能的提高具有重要意义。

2. 稳定性高

石膏材料具有较高的稳定性，制作出来的雕塑作品不易发生变形或破损。这一特点使学生可以进行较长时间的雕塑创作和加工，有足够的时间去雕琢细节，使作品更加完美。同时，石膏的稳定性也为学生提供了更多的实践机会，让他们能够更好地探索和发挥自己的创作想象力。

3. 实践操作

石膏的雕塑创作实践有助于增强学生的空间想象力和创造力。学生可以从雕塑的过程中体会材料的特性，掌握雕塑技巧，并将自己的创意通过雕塑作品进行表达。这种实践操作不仅有助于学生艺术审美和审美情感的培养，还能够锻炼观察力、分析能力和动手能力，使其在美术创作中更加自信和独立。

（三）金属雕塑

金属材料如铁、铜等常用于制作大型雕塑作品。学生可以通过金属雕塑实践，了解金属材料的特点和加工工艺，拓展创作想象空间。金属雕塑有以下特点：

1. 适合大型作品

金属材料如铁、铜等具有较好的稳定性和耐久性，非常适合用于制作大型雕塑作品。这些作品可以长期保存在室外的公共场所，不易受到外界环境的影响。由于金属材料的坚固性，学生可以更自由地发挥创作想象，创作出具有雄伟气势和震撼力的大型作品。

2. 加工工艺复杂

与其他雕塑材料相比，金属材料的加工工艺相对复杂。学生需要掌握金属焊接、锤打、切割等一系列复杂的技术才能进行金属雕塑的创作。在金属雕塑的制作过程中，学生需要精准地控制温度和力度，确保金属材料的加工质量和精度。这种复杂的加工工艺不仅考验学生的技术水平，也提高了他们的动手能力和耐心。

3. 实践操作

通过实践操作，学生可以深入了解金属材料的特性和加工工艺。通过亲身体验，探索金属材料的可塑性，从而更好地掌握金属雕塑的创作技巧。实践操作不仅可以提高学生的创作技能和审美水平，还可以培养他们的观察力、分析能力和解决问题的能力，为未来的艺术创作奠定坚实的基础。

（四）纸张雕塑

纸张作为一种轻便、易于加工的材料，在雕塑教学中被广泛应用。学生可以通过剪、折、粘等方式，利用纸张进行雕塑创作，从而体验材料的灵活性和多样性。

1. 彰显学科本质，凸显知识本位

（1）纸立体造型的学科本质

纸立体造型作为中国美术的重要组成部分，融合了中国传统手工艺和现代手工艺，具有深厚的文化底蕴和艺术内涵。在美术教学中，纸立体造型不仅是一种艺术表现形式，更是一种学科技能的体现。通过学习纸立体造型，学生可以从构图、技法、表现张力等方面进行设计和创造，将绘画技法与雕塑的基本技法相结合，形成对立体空间的深刻理解和把握。因此，纸立体造型的学科本质体现在以下几个方面：

①艺术传承与创新

学习纸立体造型，既可以传承中国传统手工艺的精髓，如剪纸、折纸等技法，又可以进行现代手工艺的创新，结合当代艺术表现形式，开拓创作思路，实现艺术表达的多样化和创新性。

②学科技能培养

纸立体造型教学不仅注重培养学生的审美素养和艺术创造力，更强调对学科技能的培养。通过学习纸立体造型，学生可以掌握各种纸张材料的特性和应用技法，培养动手能力、空间想象力和创作技巧，提高美术造型能力和审美水平。

③跨学科整合

纸立体造型涉及绘画、雕塑、手工艺等多个艺术领域的知识和技能，是一种跨界整合的艺术形式。通过在纸立体造型中引入绘画技法和雕塑基本技法的教学内容，可以促进不同艺术之间的交叉融合，拓宽学生的艺术视野和思维方式。

（2）教学模式的构建

为了凸显学科本位，有效开展纸立体造型教学，可以构建如下的教学模式：

①兴趣导入

通过展示学生感兴趣的纸立体造型作品，或者进行相关主题的讲解和探讨，激发学生学习纸立体造型的兴趣和热情，为课堂教学做好准备。

②认识材料

向学生介绍不同种类的纸张材料，分析其特性和适用范围，让学生了解并选择适合自己创作需求的材料，为后续的创作提供基础。

③设计与技法教授

在教学中，引导学生根据纸张特点，确定纸立体造型的设计范围，然后教授不同设计造型需要运用的重点技法，如卷曲、粘贴、雕刻等，让学生掌握基本的造型技法和创作方法。

④实践创作

学生按照设计图，运用所学的技法和方法进行纸立体造型创作。教师在学生创作过程中给予指导和帮助，帮助他们解决创作中遇到的问题，保证创作质量。

⑤展示评价

学生完成创作后，进行作品的展示和评价。学生可以根据作品特点、纸张特征和应用技法等评价指标进行自评、互评，加之教师评定，提高对自己作品的认识和鉴赏能力。

2. 创新教学方式，促进合作学习

（1）创新教学方式

美术课堂教学的创新方式在于积极引导学生进行合作学习，通过小组合作的方式开展纸立体造型的创作，从而实现教学目标。以下是几种创新的教学方式：

①制作节日贺卡

教师可以在适当的时候组织学生制作节日贺卡，引导学生根据不同的节日主题，通过小组合作的方式制作纸立体贺卡。学生可以根据自己的兴趣和专长，选择合适的纸张材料和设计风格，然后在小组内分工合作，共同完成一张张富有创意和艺术感的贺卡作品。

②主题创作项目

教师可以组织学生进行主题创作项目，引导他们选择感兴趣的主题，然后通过小组合作的方式进行纸立体造型的创作。在创作过程中，学生可以相互交流和合作，共同解决问题，不断完善和提升作品的质量和创意。

③艺术展览

教师可以组织学生参加艺术展览，展示他们的纸立体造型作品。通过展览活动，学生可以与他人分享自己的创作成果，接受他人的评价和建议，从中获得成长和启发。同时，展览也可以激发学生的创作热情，促进他们在美术学习中持续进步。

（2）促进合作学习

①激发学生兴趣

教师可以通过展示相关的纸立体造型作品或者讲解创作过程，激发学生对纸立体造型的学习兴趣和创作热情。同时，给予学生一定的自主选择权，让他们能够参与到合作项目中，增强他们的学习动机和积极性。

②设立明确的任务

在合作学习过程中，教师需要明确每个小组的任务和责任，确保学生能够明确自己的任务目标，有针对性地展开合作。同时，合理分配任务，充分发挥每个学生的特长和优势，实现合作学习的最佳效果。

③引导有效沟通

教师在合作学习过程中应该注重引导学生进行有效沟通和协作，鼓励他们相互交流和合作，共同解决问题。通过互相学习和借鉴，学生可以更好地理解和掌握纸立体造型的技术和方法，提高创作水平和艺术表现能力。

3. 培养学生能力，发展学生特长

纸立体造型作为一种具有创造性和想象力的艺术表现形式，在高中美术教学中扮演着重要的角色。针对目前高中美术教学效果不尽如人意的情况，纸立体造型被认为是一个具有潜力的教学内容，可以全面培养学生的平面构图能力和立体空间创作能力。通过纸立体造型的学习与实践，学生可以获得丰富的美术知识和技能，同时培养自己的美术特长。

首先，纸立体造型操作简单、造型生动，适合学生进行创作，而且需要一定的想象空间和创造力。教师可以结合纸立体造型的特点，激发学生的创作兴趣，培养他们对纸立体造型创作的爱好。通过组建纸立体造型活动社团，教师可以为学生提供丰富的纸立体造型课程资源，挖掘和培养学生的潜能，形成学校的立体造型系列校本课程。

在课程设置上，高一阶段主要夯实基础，全面详细地教授纸立体造型的基本技法，并着重在平面造型设计上进行训练。高二阶段以实操训练为重点，通过对较为复杂的纸立体造型进行训练，强化学生的技法和技能，全面发展和培养学生的特长。高三阶段则以竞赛为突破口，组织学生参加各级各类的纸立体造型比赛和展示会，拓宽学生的见识和视野，提高学生纸立体造型创作的技术性和艺术性。

通过一系列的课程设置和实施，学生能够在纸立体造型领域得到全面培养和发展：不仅在技术上得到提升，还在创作能力、想象力、实践能力等方面有了较大的提升。同时，学生通过参加比赛和展示活动，得到了更多锻炼和展示的机会，培养了自信心和竞争意识。这样的教学方式不仅有利于培养学生的个人特长，也为学生提供了展示和交流的平台，还可以丰富美术教学的内容和形式，提高教学的实效性和吸引力。

4. 涵养价值情怀，厚植美术素养

高中美术教学的核心目标之一是培养学生健康的审美情趣，这不仅需要学生掌握绘画技巧和雕塑造型，更需要他们具备深厚的人文情怀和艺术思想。在这个过程中，教师的引导尤为关键，他们需要借助创作手法与创作技巧，向学生传递美术思想与美术情怀，培养学生的审美情趣。

在纸立体造型的教学中，教师可以通过引导学生了解中西方纸立体造型的发展历史和特色，增强学生对世界文化的认同感。通过展示相关的图片、视频和教师创作的纸立体造型作品，学生可以更直观地了解纸立体造型的美学内涵和创作技巧，培养对美术的兴趣和理解。

此外，教师还可以展示纸立体造型在生活中的应用，如学校的文化长廊、商场的宣传橱窗等，让学生认识到纸立体造型不仅具有艺术价值，还具有实用价值。通过这些实例的展示，学生可以更好地体会纸立体造型与生活实际的关联，增强对纸立体造型的艺术感知力和价值认知。

最后，教师可以向学生介绍一些关于纸立体造型的重要赛事，如国际上的纸雕艺术比赛，让学生了解到纸立体造型在国际上的影响和地位。通过参加这些比赛，可以进一步提高学生的创作技能和审美水平，同时也可以拓宽他们的美术视野，培养他们对美术的热爱和追求。

综上所述，通过在纸立体造型教学中涵养美术情怀、培养正确的审美能力、体会价值文化，教师可以有效引导学生建立正向的、健康的审美观，提升学生的美术情怀和文化素养。这种教学方式不仅有助于学生全面发展，还可以为他们未来的艺术创作和生活实践打下良好的基础。

第三节 数字雕塑与虚拟现实技术的应用

一、数字雕塑的发展与应用

（一）数字雕塑的起源与发展

数字雕塑的起源可以追溯到20世纪60年代。随着计算机技术的逐步发展，人们开始探索如何将计算机用于艺术创作。这一探索的初衷是基于对计算机图形学潜力的认识，人们开始意识到计算机可以成为一种新的艺术创作工具。起初，数字雕塑并不成熟，受限于计算机的性能，软件工具也相对简单。但是，这种尝试奠定了数字雕塑发展的基础。

随着计算机硬件性能的不断提升，计算机图形学和三维建模技术得到了极大发展，使数字雕塑的实现变得更加容易和高效。随着各种三维建模软件的涌现，数字雕塑的工具和功能也不断丰富和完善。从最初的简单的三维建模软件，到如今功能强大、操作简便的数字雕塑软件，这些软件为艺术家提供了丰富的创作工具和资源，使数字雕塑有了长足的进步。数字雕塑已经成为美术教育领域不可或缺的一部分。

在美术教育中，数字雕塑的应用也是在近二十年来逐渐成熟并发展起来的。随着教育的不断发展和教学理念的更新，越来越多的美术教育者认识到数字雕塑在学生创作和教学辅助方面的重要性。数字雕塑为学生提供了新的创作平台，使他们能够在虚拟环境中进行艺术实践，尝试不同的创作方法和艺术风格。同时，数字雕塑软件提供了丰富的教学资源和工具，可以帮助教师更好地向学生传授雕塑知识和技巧。数字雕塑还为学生提供了展示和交流的平台，促进了学生之间的合作和学习。因此，数字雕塑在美术教育中的应用已经成为一种趋势，为学生提供了更广阔的艺术创作空间和更丰富的学习资源。

（二）数字雕塑的特点与优势

1. 数字雕塑的灵活性

（1）数字雕塑的自由创作环境

数字雕塑为艺术家提供了一个自由的创作环境，在虚拟世界中，艺术家可以随时随地进行创作，无须受到传统雕塑工作室的空间和时间限制。这种灵活性使艺术家能够更加自由地发挥想象力，尝试各种创作思路和艺术风格，创作出更加丰富多样的作品。

（2）数字雕塑的迭代和修改

数字雕塑还具有可迭代和可修改的特点，艺术家可以随时对作品进行修改和更新，而不必担心破坏原作。这种灵活性使艺术家更加勇于尝试新的创作思路，不断完善和提升作品的质量，从而实现创作过程的持续改进和优化。

（3）虚拟协作和平台共享

数字雕塑创作还支持虚拟协作和平台共享，艺术家可以与他人进行远程合作，共同完成一件作品。这种灵活性使艺术家能够与来自世界各地的其他创作者进行交流和合作，共同探索艺术的无限可能性，推动艺术创作的全球化和多样化发展。

2. 数字雕塑的可视化

（1）三维立体呈现

数字雕塑技术可以将艺术家的想象立体化，直观地呈现在屏幕上。通过三维建模软件，艺术家可以将创作想法转化为具体的立体形态，使观者能够更加清晰地理解作品的结构和形态。

（2）视觉反馈和调整

数字雕塑技术还可以提供实时的视觉反馈，艺术家可以通过观察作品在屏幕上的表现调整和修改作品的形态和细节。这种可视化的特点使艺术家能够更加直观地感受作品的美感和表现力，有助于提高创作的准确性和效率。

（3）艺术家与观众的沟通

数字雕塑作品的可视化特点还使得艺术家能够更好地与观众进行沟通和交流。通过在屏幕上展示作品，艺术家可以与观众分享创作的心路历程和创作意图，增强作品的艺术感染力和沟通效果，实现艺术家与观众之间的情感共鸣和心灵交流。

3. 数字雕塑的交互性

（1）实时雕塑和编辑功能

数字雕塑软件通常具有丰富的工具和功能，艺术家可以通过这些工具进行实时的雕塑和编辑。通过调整工具的参数和选项，艺术家可以随时对作品进行修改和更新，实现创作过程的灵活性。

（2）用户与作品的互动

数字雕塑技术还可以实现用户与作品的互动，艺术家可以通过手势、触控笔等方式与作品进行互动，使创作过程更加直观和自然。这种交互性使艺术家能够更好地进行创作，增强创作的乐趣和体验。

（3）创作过程的记录和回放

数字雕塑软件还可以记录和回放创作过程，艺术家可以随时回顾自己的创作过程，分析创作思路和方法，不断完善和提升自己的创作技巧和水平。这种交互性使艺术家能够更好地理解和掌握创作的规律和要点，提高创作的效率和质量。

4. 数字雕塑的可保存性

（1）长期保存和备份

数字雕塑作品可以在电脑或云端长期保留，不易受到时间和环境的影响。与传统雕塑作品相比，数字雕塑作品具有更好的保存性，艺术家无须担心作品因时间和环境而受损或腐蚀。此外，数字雕塑作品还可以通过定期备份，确保作品的安全性和完整性，即使在意外情况下也能够及时恢复和修复。

（2）方便地分享和传播

数字雕塑作品可以通过网络平台进行方便快捷的分享和传播，艺术家可以将作品上传至各种社交媒体、艺术平台或在线展览，进行更广泛的展示和交流。这种可分享性和可传播性使数字雕塑作品能够受到更多的关注和认可，为艺术家拓展影响力和人脉关系提供了便利。

（3）艺术作品的多样化应用

数字雕塑作品不仅可以作为艺术品进行展示和收藏，还可以应用于多个领域，如电影、游戏、动画、建筑等。艺术家可以将数字雕塑作品应用于不同的项目和场景中，为各种应用场景提供定制化的艺术方案，拓展作品的应用范围，增加作品的商业价值。

（三）数字雕塑在美术教育中的应用

1. 创作教学

数字雕塑为学生提供了一个全新的创作平台。通过数字雕塑软件，学生可以在虚拟环境中进行雕塑实践，尝试不同的创作方法和艺术风格，提高创作水平和技能。

2. 学习辅助

数字雕塑软件提供了丰富的教学资源和工具，可以帮助教师更好地向学生传授雕塑知识和技巧。教师可以利用数字雕塑软件进行教学演示，直观地展示雕塑的基本原理和技术要点，激发学生的学习兴趣。

3. 展示与交流

学生可以展示自己的数字雕塑作品，并与他人进行交流和分享。网络和社交媒体平台为学生提供了更广阔的展示才华和交流学习的平台，通过在网络和社交媒体平台上展示自己的数字雕塑作品，能够吸引更多的关注，增强自信心，激发创作热情。

二、虚拟现实技术在立体教学中的探索与应用

虚拟现实技术通过计算机生成虚拟环境，用户可以通过特定的设备（如头戴式显示器）沉浸其中，与虚拟环境进行互动。虚拟现实技术具有较强的真实感、交互性及体验感。

（一）虚拟美术：打破传统课堂教学的局限性

1. 虚拟现实技术在高中美术鉴赏教学中的应用

高中美术鉴赏课程的核心目标之一是培养学生对艺术作品的感知能力和审美意识，然而传统的美术鉴赏教学往往受到教材和教学条件的限制，无法提供多样化的艺术作品和真实场景的感知体验。在这一背景下，虚拟现实技术为高中美术鉴赏教学带来了全新的可能性。通过虚拟现实技术，可以创造出逼真的美术鉴赏环境，使学生能够身临其境地感受艺术作品的独特魅力。

首先，虚拟美术鉴赏教学突破了传统教学模式的局限性。传统的美术鉴赏教学往往以教师为主导，学生被动接受知识。而虚拟现实技术则为学生提供了更加丰富的教学资源，使他们能够自主选择学习内容，从而建立起以学生为主体的教学模式。在虚拟美术鉴赏环境中，学生可以根据自己的兴趣和需求选择不同的艺术作品进行鉴赏，甚至可以自主选择欣赏的区块、角度和时间，提高了学习的积

极性和主动性。

其次,虚拟现实技术提供了沉浸式的学习体验。通过计算机创建的三维交互虚拟空间,学生可以沉浸在艺术作品的世界中,观察作品细节,甚至走进"画中世界",深化对美术作品的鉴赏效果。这种沉浸式的学习体验不仅能够吸引学生的注意力,激发学习兴趣,还能够提高美术鉴赏的体验感,增强学生对艺术作品的理解和欣赏能力。

最后,虚拟美术鉴赏教学拓展了教学场所,减少了时间的限制。传统的美术鉴赏教学往往局限于教室内的教学活动,而虚拟现实技术使教学不再受到地理位置和时间的限制,学生可以随时随地通过虚拟现实技术进行美术鉴赏学习,无须受传统课堂教学的束缚。这种灵活的学习方式不仅提高了学生的学习效率,还促进了美术鉴赏教学的个性化和全球化发展。

2. 虚拟美术鉴赏教学对学生审美感知能力的培养

审美感知能力是指人对于能够引起心理愉悦的事物形象的反应。而高中阶段是学生培养审美感知能力的重要时期。在美术鉴赏教学中,学生通过对艺术作品的鉴赏活动,主观辨别并获取自身独特的情绪体验,形成自己的审美感受及审美判断。而虚拟美术鉴赏教学则通过沉浸式的学习方式,将学生的审美活动带离日常的生活环境,通过创设虚拟空间,使学生能够专注于艺术作品的造型创设、色彩营造、质感刻画等,提升审美感知能力。

首先,虚拟美术鉴赏教学提供了更加真实和丰富的艺术作品感知体验。传统的美术鉴赏教学往往受到教材和教学条件的限制,学生只能通过图像或二维平面化的鉴赏资源进行艺术作品的欣赏。而虚拟现实技术则可以创造出逼真的美术鉴赏环境,使学生能够身临其境地感受艺术作品的独特魅力,提升对艺术作品的感知和理解能力。

其次,虚拟美术鉴赏教学强调了学生的主动参与和深度思考。在虚拟美术鉴赏环境中,学生不仅可以观察艺术作品的外观和细节,还可以与作品进行互动,深入了解艺术作品背后的意义和作者的创作意图。这种主动参与和深度思考的过程,不仅培养了学生的批判性思维能力,还促进了他们对艺术作品的深入理解和感知。

再次,虚拟美术鉴赏教学拓宽了学生的审美视野。传统的美术鉴赏教学往往局限于教室内的教学活动,学生只能接触到有限的艺术作品和展示方式。而虚拟现实技术则可以将学生带入虚拟的美术馆、博物馆或艺术展览馆中,使他们能够接触到更多类型和风格的艺术作品，拓宽了他们的艺术视野，丰富了他们的审美经验。

最后，虚拟美术鉴赏教学促进了学生的审美情趣和审美观念的提升。通过沉浸式的学习体验，学生能够脱离日常的生活环境和物质生活的影响，专注于艺术作品的感知和欣赏，提升审美情趣和审美观念。这种审美情趣和审美观念的提升，不仅有助于学生形成积极的审美态度，还能够培养他们对美的独立感知和正确的审美判断能力。

3. 虚拟美术鉴赏教学的未来发展趋势

随着信息技术的不断发展和应用，虚拟美术鉴赏教学将迎来更加广阔的发展空间。

首先，虚拟现实技术的不断创新将为美术鉴赏教学提供更加先进和丰富的教学工具和资源。随着虚拟现实技术的不断发展和应用，虚拟美术鉴赏教学将不断创新，为学生提供更加真实和丰富的艺术作品感知体验，促进学生艺术素养和审美能力的提升。

其次，人工智能和大数据的应用将为虚拟美术鉴赏教学提供更加个性化和智能化的学习服务。通过人工智能和大数据的应用，虚拟美术鉴赏教学可以根据学生的学习兴趣和能力，提供个性化的学习内容和学习服务，促进学生的个性化发展和全面提升。

最后，虚拟美术鉴赏教学的全球化发展将为学生提供更加广阔的学习平台和资源。随着虚拟现实技术的不断普及和全球化发展，学生可以随时随地通过互联网进行虚拟美术鉴赏学习，无须受地理位置和时间的限制，拓展了学习空间和资源。

（二）推陈出新：改善传统美术作品鉴赏方式

美术鉴赏教学与改革的瓶颈之一就在于复制品与原作之间的差距会极大地影响审美的感受和效应。劣质的鉴赏图像无法提供完美的审美享受，也难以使学生产生深刻的审美体验。虚拟现实技术经过几十年不断的发展，目前已经取得了不俗的成就，虚拟现实不再是遥不可及的幻境，而是已走进千家万户。目前人们对虚拟现实设备的运用大多停留在享受虚拟游戏带来的直观体验上，如果虚拟现实能够应用于教育教学之中，将会为美术鉴赏教学打开一扇新的大门，同时也将极大程度地改变美术作品的呈现方式，为学生提供具有沉浸感、体验感的美术鉴赏体验。因此，改进和完善美术鉴赏课程的教学方式，使学生能够更高效地鉴赏并参与艺术活动，才能让艺术的光辉照亮每一个学生的生命旅程。

虚拟现实技术能够带来全新的视觉感受，不仅可以让鉴赏者能在逼真的环境中参观鉴赏，甚至还能够将鉴赏者带入画作之中。虚拟现实画境的创设将会为美术鉴赏活动带来别开生面的独特体验。虚拟现实技术能够将静止的二维平面图像进行数字化提取，将其制成三维动态的"真实"空间，使鉴赏者仿若置身于大师的作品之中，感受名家画卷中的真实情境，或置身于抽象画作中感受作者的精神世界，或化身为创作者感受其所观所感，伴之经历沧桑变化，从而更好地理解作者的创作理念。2016年，美国圣彼得堡萨尔瓦多·达利博物馆举行了虚拟达利艺术展，并联合Inception公司开发了《达利之梦》项目，在虚拟空间中还原了达利的画作。"通过他的艺术，达利创造了一个想象的世界；而通过虚拟现实的力量，设计师和技术人员让我们体验到了前所未有的世界。"[1]（图6）

原画　　　　　　　　　　　　　　　虚拟呈现
图6　《晚祷》与《达利之梦》

　　绘画作为美术的重要类别，原本是一种利用工具材料在二维平面上塑造二维、三维或多维空间的艺术形态，尽管可以通过艺术的基本语言元素及语言表达手段的运用使其呈现出三维或多维的视觉效果，但其仍然是存于二维平面载体之上的。但虚拟现实能将这种平面画境中的元素建模形成三维立体的效果，高度还原画作的本来面貌，使学生能够更加直观地对美术作品进行鉴赏学习。雕塑、建筑、民间工艺等类艺术作品难以在课堂上进行实物鉴赏，虚拟鉴赏能够通过虚拟现实技术进行仿真还原（图7）。相较于仅仅依靠图像、视频等鉴赏手段，学生可以在鉴赏美术作品的同时感受艺术家营造的意境，体会艺术作品的自然美、社会美、艺术美、科学美，能够从多角度、多层面联系文化与生活情境鉴赏艺术作品。

---

[1] 付刚，段宇辉. 谈VR在高校美术鉴赏教学中的应用[J]. 湖南包装，2017（03）：135-138.

图7　虚拟现实技术还原《晋侯鸟尊》

作为一种新的鉴赏方式，虚拟鉴赏将为高中美术鉴赏活动打开一扇新的"门"，为学生提供与众不同的超时空文化视野，在满足视觉震撼的同时带来独特的心灵体验。2014年美国颁布的《国家核心艺术课程标准》中将"媒体艺术""视觉艺术"纳入到小学到普通高中阶段学生教学内容中。现代媒体艺术作为一种新的艺术形式，其涵盖范围广泛，数码图像、数字电影、电脑美术、电脑绘画、数码设计、虚拟现实技术等都属于现代媒体技术。在我国《普通高中美术课程标准（2017年版）》中也提到有关"现代媒体艺术"模块的教学内容。运用虚拟现实技术进行美术鉴赏不仅可以优化鉴赏效果，也可以加深学生对于现代媒体艺术领域与现代科学技术的认知，为现代媒体艺术模块的学习内容打下基础，还可以增加学生的文化体验，帮助学生理解现代文化，并极大限度地帮助学生提升、拓展与完善艺术观念与文化理念。

（三）身临其境：创设知识可视的沉浸式教学

1. 沉浸式教学

虚拟美术鉴赏教育的核心特点之一是沉浸式教学，通过虚拟现实技术营造出具有沉浸感的三维空间，使学生能够在虚拟环境中亲身感受艺术作品的魅力。传统的美术鉴赏教学往往依赖二维图像和教师的讲述，学生的鉴赏体验相对被动。而沉浸式教学模式则使学生成为鉴赏活动的主体，通过与虚拟环境的互动，自主感知、欣赏和理解艺术作品，提升了学习效果和学习兴趣。（图8）

图 8　沉浸式美术鉴赏

首先，沉浸式教学注重学生的视觉感受与精神体验。通过科学技术的应用，将艺术作品与教学内容构建成逼真的"现实"情境，使学生能够在虚拟环境中独立自主地进行鉴赏体验。学生不再是被动地接受教师的讲授，而是通过与虚拟媒介的互动，自发地感知艺术作品的魅力，激发学生的学习兴趣和主动性。

其次，沉浸式教学改善了传统鉴赏教育的教学方式。传统的美术鉴赏教学往往以文字和图像为主要媒介，学生的鉴赏体验受到了限制。而沉浸式教学通过虚拟环境的构建，为学生提供了更具交互性、沉浸性和趣味性的鉴赏感受。学生可以在虚拟空间中自由探索、感知艺术作品，获得更加丰富和深入的学习体验。

最后，沉浸式教学提供了更清晰可视的教学方式。美术作为一种视觉艺术，其语言元素和表达方式常常无法通过二维图像或教师的讲述清晰有效地传达。而虚拟现实技术可以通过虚拟情境、三维环境和空间缩放等手段对抽象的艺术语言进行可视化表达。这种知识可视化的方式不仅帮助学生理解和运用知识，还促进了学生对艺术作品的深入理解和欣赏。

虚拟现实技术在美术鉴赏教育中的应用具有重要的意义：注重学生的视觉感受与精神体验，通过营造具有沉浸感的虚拟环境，改善传统教学方式，提供清晰可视的教学方式，为学生的艺术素养和创造性思维能力的培养提供了全新的途径和可能性。

2. 知识可视化在美术鉴赏教育中的应用

知识可视化是一种将知识以图形、图表、图像等形式进行直观展示的技术和方法，能够有效帮助学生认知、理解和运用知识。在美术鉴赏教育中，知识可视化的应用可以将抽象的艺术语言转化为图形、图表、图像的形式，帮助学生更直观地理解和欣赏艺术作品。

首先，知识可视化可以提供多样化的教学内容。美术作品通常具有丰富的艺术元素和表现形式，传统的文字和图像往往无法充分表达其特点和魅力。而知识可视化技术可以将抽象的艺术语言转化为具体的视觉形式，为学生呈现出更加丰富和多样化的艺术作品，提升学生的学习效果和体验。

其次，知识可视化可以促进学生的深度学习和主动参与。将知识以更直观的方式呈现，使学生不仅可以更容易理解和感知艺术作品，还可以通过与虚拟环境的互动自主探索、深入思考，提高了学生的学习兴趣和主动性。

最后，知识可视化可以优化和提升教学效果。美术鉴赏教育的目标之一是培养学生对艺术作品的理解和欣赏能力，而知识可视化的应用可以帮助学生更直观地理解艺术作品的特点和内涵，提高他们的鉴赏水平和审美素养。直观的呈现，使学生可以更清晰地理解艺术作品的构图、色彩运用、线条表现等艺术要素，从而更深入地分析和评价艺术作品。

三、虚拟现实技术在立体教学中的优势与挑战

（一）优势

1. 提供真实立体体验

虚拟现实技术能够模拟真实世界的场景，为学生提供更加真实、直观的立体体验。通过虚拟现实设备，学生可以置身于虚拟环境中，与三维对象进行互动，深入了解艺术作品的立体结构和细节，从而激发学习兴趣和创作热情。

2. 增强学习动力

虚拟现实技术为学习者创造了更加引人入胜的学习环境，使他们能够在沉浸式的虚拟世界中感受到学习的乐趣。相比传统的平面教材，虚拟现实教学能够更好地激发学生的学习动力，提高他们的学习积极性和参与度。

3. 多感官体验

虚拟现实技术结合了视觉、听觉、触觉等多种感官体验，能够为学生提供更加丰富和全面的学习体验。通过虚拟现实设备，学生不仅可以观察艺术作品的立体结构，还可以听到环境音效、感受到作品的触感，从而更深入地理解和感知艺术作品。

4. 个性化学习

虚拟现实技术具有个性化定制的特点，能够根据学生的学习需求和兴趣特点进行定制化的教学设计。通过虚拟现实设备，教师可以根据学生的学习情况和反馈进行实时调整和优化，为每个学生提供个性化的学习体验，提高教学效果。

5. 拓展学习空间

虚拟现实技术能够将学习空间从传统的教室中解放出来，为学生提供更广阔的学习空间和更丰富的学习资源。学生可以通过虚拟现实设备，随时随地接受立体教学，探索世界各地的艺术作品和文化景观，拓宽自己的视野和认知范围。

6. 促进合作与交流

虚拟现实技术为学生之间的合作与交流提供了更多可能性。学生可以通过虚拟现实设备共同探讨艺术作品、展示个人创作，实现远程协作和互动，促进同学之间的合作精神和团队意识的培养。

（二）挑战

1. 高昂的成本

虚拟现实技术的设备和软件成本较高，包括头戴式显示器、传感器、计算机硬件等方面的投入，对学校和教育机构来说是一项不小的经济负担。

2. 技术支持和维护难度大

虚拟现实技术的应用需要专业的技术支持和设备维护，包括软件更新、硬件维修等方面的工作，需要有专门的技术人员进行管理和维护，增加了学校的管理成本和工作量。

3. 技术门槛和学习曲线

虚拟现实技术的使用对于教师和学生来说存在一定的技术门槛和学习曲线。教师需要掌握虚拟现实技术的基本操作和应用方法，学生需要适应虚拟环境下的学习模式和操作，这对于一些技术水平较低的教师和学生来说可能是一个挑战。

4. 内容和资源不足

目前虚拟现实技术在立体教学领域的应用还比较少，相关的教学内容和资源相对不足，学校和教育机构需要投入大量的时间和精力进行虚拟现实教学资源的开发和积累，以满足教学的需求。

第七章　高中美术绘画教学与实践

第一节　绘画媒材与创作表现

一、绘画综合材料

美术教育在现今教育体系中的地位越来越重要，美术源于生活，美术学科体系的建构离不开现实社会。在普通高中美术课程中联系社会生活、发掘综合材料是上好美术课的重要方式。

（一）拓展教学资源

部分教师在教学中囿于教材，墨守成规，仅讲授教材中的美术知识及美术的基本要求，使用固有的材料，这样的教学方式会降低学生的兴趣。美术课堂中应注重综合材料与现实生活的联系，美术教学内容的选择应贴近学生的生活实际，使学生能够将生活经验应用到美术学习中，最大化地展现美术课程的作用。

1. 挑战传统教材范式

当前美术教学中存在着对传统教材的过度依赖，部分教师过于依赖教材内容，只注重讲授美术知识和技法，忽略了综合材料的应用。然而，美术教学的本质是培养学生的创造力和审美能力，这些往往需要更加丰富多样的素材来激发和支持。因此，教师需要挑战传统的教学范式，积极探索和应用各种综合材料，丰富教学内容，激发学生的学习兴趣和创造力。

2. 注重与现实生活的联系

美术教学应该贴近学生的生活实际，将美术与现实生活相结合，使学生能够从身边的事物中获取灵感和素材。综合材料的应用离不开对真实生活经验的挖掘和运用。例如，教师可以引导学生在课堂中观察周围环境，收集和利用日常生活中的各种材料和元素，如树叶、纸张、布料等，让学生通过实践感受美术创作的乐趣和意义。

3. 实践与体验结合

综合材料的应用不仅是教学内容的一部分，更是学生实践和体验的重要途径。通过在美术课堂中增设美术角或工作坊等实践环节，学生可以亲自动手，将生活中的综合材料转化为艺术作品，加深对美术知识的理解和掌握。这种实践与体验的结合，可以使学生更加深入地参与美术学习，提升美术素养和技能水平。

4. 构建美术学习与现实生活的桥梁

美术教师应该不断反思如何将综合材料与现实生活相结合，构建美术学习与现实生活之间的桥梁。通过引导学生从生活中发现美的元素和价值，教师可以帮助学生更好地理解和欣赏美，提高其美术素养和审美情趣。同时，教师还可以通过美术教学，引导学生关注社会现实问题，激发其对美术与社会的深入思考和探索。

5. 专业性与学术价值

以上所述的教学理念和方法不仅具有实践性，更具有一定的专业性和学术价值。通过对综合材料的应用，可以促进美术教学的创新与发展，丰富教学内容，提升教学效果。同时，这也是美术教育领域的一个重要研究课题，对于美术教学理论和实践的探索具有重要的参考意义和借鉴价值。

综合材料在美术教学中的合理应用不仅可以丰富教学内容，激发学生的学习兴趣和创造力，还可以促进美术教育的发展与进步。因此，教师应该积极探索和应用各种综合材料，构建美术学习与现实生活的桥梁，为学生提供更加丰富多彩的美术教育体验。

（二）激发学生兴趣与创造力

发掘综合材料有利于培养学生观察生活的习惯。生活中的美无时不有、无处不在，从日常生活中提取美术元素，注重美术教学内容与生活的关联性，搜集生活化的综合材料，能够培养学生的观察能力和想象力。关注学生的生活体验，越是贴近生活，越能使美术课堂具有生命力。学生通过亲身体验和动手实践，将生活中的美通过美术手段表达出来，把对于生活的真实感受倾注在美术作品中，能感悟到生活中的美，从而更好地将生活经验与美术学习相结合。

1. 挖掘生活中的美术元素

在美术教学中，教师应当着重发掘生活中的美术元素，通过综合材料的运用，培养学生对生活的观察力和想象力。生活中的美术元素无处不在，而学生往往忽视了身边的美，教师应当加强引导和激发，让学生能够发现生活中的美。通过观察生活化的综合材料，如自然界的植物、动物，城市中的建筑、雕塑等，学生可以更加深入地感知美术元素的存在，培养自己的观察能力和创造力。

2. 注重学生的体验与参与

美术教学应当注重学生对于生活的体验，通过让学生亲身参与美术创作，让他们更加深入地感受美术的魅力和意义。学生在美术课堂中通过动手实践，将生活中的美通过美术手段表达出来，增强对于美的认知和理解。通过这样的学习过程，学生不仅可以提高自己的美术素养，还能够培养出更加敏锐的观察力和想象力，从而在日常生活中更加注重观察与感悟。

3. 灵活运用综合材料

教师在美术课堂中应当灵活运用各种综合材料，并注意把握教学节奏与深度，确保教学效果的最大化。综合材料的运用应当贴近学生的生活实际，与教学内容相结合，激发学生的学习兴趣和创造力。教师可以根据学生的年龄、兴趣等因素选择合适的综合材料，如彩泥、纸张、布料等，让学生通过动手实践感受美术创作的乐趣和意义。

4. 引导学生感悟生活中的美

美术教师应当引导学生感悟生活中的美，通过综合材料的运用，让学生从现实生活中发现艺术之美。例如，在美术课堂中引入编织材料，可以让学生更加深入地感受材料的独特性和艺术性，从而激发其创作灵感和想象力。在这样的教学方法下，学生不仅可以提高自己的审美情趣，还能够增强对于生活的观察力和感悟，为日后的学习和生活打下良好的基础。

5. 培养学生的实践能力与创造能力

综合材料的运用不仅可以丰富美术教学内容，还能够培养学生的实践能力和创造能力。通过让学生亲身参与美术创作，教师可以帮助他们更好地理解和掌握美术知识，提高其美术素养和技能水平。同时，学生通过创作美术作品，还能够表达自己的情感和思想，增强与美术作品的情感共鸣，使美术教学更加生动有趣。

综合材料在美术教学中的应用对于激发学生的学习兴趣和创造力具有重要的意义。通过挖掘生活中的美术元素，注重学生的体验与参与，灵活运用综合材料，引导学生感悟生活中的美，培养学生的实践能力与创造能力，可以使美术教学更加丰富多彩，激发学生对美术学习的热情和兴趣，为其日后的学习和生活奠定良好的基础。

（三）基于综合材料发挥美术课堂的特有价值

美术课并非能将每一个学生培养成艺术家或美术家，而是让学生习得美术知识，拥有发现美、创造美的能力，提高学生的美术素质与审美情趣，这种素质包含能够发现美、享受美甚至美化生活的能力。每一堂美术课都应以此为目标，在美术课堂中有效使用综合材料达到最佳的教学效果。美术来源于生活，最终也会应用于生活。

1. 深度挖掘综合材料，创设生活情境

（1）综合材料与美术课堂的内在联系

综合材料在美术课堂中扮演着至关重要的角色，因为美术教育的本质就是要将学生与艺术连接起来，让他们能够从生活中汲取灵感并创造出令人惊叹的艺术作品。综合材料可以是各种各样的物品，从日常生活中的自然物品到工业产品，从纸张和颜料到回收材料，都可以成为学生创作的灵感来源。通过深度挖掘综合材料，美术教师可以创设丰富多彩的生活情境，激发学生的学习兴趣和创造力，让他们在美术课堂中体验到美的魅力。

（2）发掘微小变化，引导学生发现生活之美

在美术教学中，教师应当善于发掘事物中微小的变化，引导学生用美术的视角发现生活中点点滴滴的美。通过综合材料的运用，教师可以创设各种生活情境，让学生在其中感知生活之美。例如，在一堂以"自然风景"为主题的美术课中，教师可以引导学生观察周围的自然景观，如树叶的纹理、花朵的色彩、天空的云彩等，让他们用绘画或雕塑等方式将所观察到的美呈现出来。通过这样的活动，学生不仅可以提高自己的观察力和想象力，还能够更加深入地感受生活的美妙之处。

（3）创设生活化的美术教学情境

在美术教学中，教师应当创设生活化的美术教学情境，使学生能够将所学的美术知识与生活相结合。例如，在一堂以"校园美景"为主题的美术课中，教师可以组织学生到校园中进行写生活动，让他们观察和描绘校园中的各种美景，如树木、花草、建筑等。通过这样的活动，学生不仅可以提高自己的绘画技巧，还能够更加深入地感受校园生活的美好之处，激发对美术学习的兴趣和热情。

2. 在美术课堂中开设现实的主题活动，将美术知识运用于社会生活

（1）主题活动的设计与实施

美术教师可以通过开设现实的主题活动，引导学生将所学的美术知识运用到

社会生活中。这些主题活动可以是根据学生的兴趣和特长设计的，也可以是根据教学内容和教学目标确定的。例如，在一堂以"城市风光"为主题的美术课中，教师可以组织学生到城市中进行写生活动，让他们观察和描绘城市中的各种景观和建筑，加深他们对城市文化和城市生活的理解。

（2）学生参与创作

在实施主题活动的过程中，学生应当积极参与并展示自己的创作能力。教师可以提供丰富多样的综合材料供学生选择和运用，引导他们通过美术手段表达自己的观点和情感。例如，在一堂以"环保意识"为主题的美术课中，教师可以要求学生利用废旧材料创作环保主题的作品，如用废纸板制作废品雕塑、用废旧塑料瓶制作花盆等，培养他们的环保意识和创造能力。

（3）美术知识的应用与拓展

通过参与现实的主题活动，学生不仅可以运用所学的美术知识进行创作，还能够拓宽自己的美术视野、提高审美能力。例如，在一堂以"社会公益"为主题的美术课中，教师可以要求学生设计和制作公益广告海报，表达对社会问题的关注和呼吁，培养他们的社会责任感和创意思维。

3. 结合实际案例，展示美术课堂的特有价值

案例一：校园美景写生活动

在美术课上，教师组织学生到校园中进行写生活动，让他们观察和描绘校园中的各种美景，如树木、花草、建筑等。通过这样的活动，学生不仅可以提高绘画技巧，还能够增强对自然美的感知和欣赏能力。在活动中，学生们沉浸在自然景观之中，用画笔捕捉每一个细节，感受每一丝微风，仿佛与大自然融为一体。通过观察、描绘和创作，学生们不仅学会了如何用线条和色彩表现美景，还培养了对自然环境的保护意识和珍惜之心。

案例二：城市风光写生活动

在美术课上，教师组织学生到城市中进行写生活动，让他们观察和描绘城市的各种景观和建筑。学生们在繁忙的都市中感受到了不同于校园的氛围和节奏，通过绘画记录下这些城市风光，不仅学会了城市景观的构图和色彩运用，还感受到了城市文化的魅力和活力。这样的活动不仅丰富了学生的艺术体验，还拓展了他们对城市生活的认知和理解。

通过以上案例可以看出，美术课堂的特有价值在于通过综合材料的运用和现实主题活动的开展，培养学生的艺术素养和创造力，增强其对美的感知和欣赏能力，同时引导学生关注社会问题，传递正能量，实现美术教育与社会实践的有机结合。

二、创作表现的探索

（一）情感表达

1. 探索情感表达的艺术手段

绘画作为一种艺术形式，可以通过丰富的色彩、线条和形态等元素表达作者内心的情感和情绪。在教学中，教师可以引导学生尝试不同的艺术手段，如色彩对比、线条运用、形态塑造等，表达自己的情感体验。例如，通过冷暖色调的运用表达悲伤或喜悦的情感，通过线条的强度和节奏表达紧张或放松的情绪，通过形态的变化表达内心的思想和感受。通过这样的探索和实践，学生可以逐渐提高对情感表达的敏感性和表现力，使自己的作品更具有感染力和艺术性。

2. 引导学生表达个人情感体验

在教学中，教师可以通过引导学生回忆和思考自己的情感体验，激发他们的情感表达欲望。例如，可以让学生分享一段美好的回忆或痛苦的经历，然后用绘画来表达这些情感。通过这样的练习，学生可以将自己的情感与绘画作品结合起来，更好地表达自己内心的感受。同时，教师还可以通过分析和评论学生的作品，帮助他们理解和提高情感表达的效果，引导他们不断地探索和发掘自己的情感表达能力。

3. 培养学生的情感表达能力

情感表达是绘画艺术的核心之一，教师应该通过系统的教学方法和实践活动，帮助学生逐步培养自己的情感表达能力。例如，可以组织学生参观艺术展览，学习和欣赏各种不同风格的绘画作品，从中汲取灵感和经验；还可以组织学生参与情感表达的主题活动，如绘画比赛或主题创作，让他们在实践中不断提升自己的情感表达水平。在这样的系统培养下，学生可以逐渐成长为具有丰富情感表达能力的艺术家，为自己的绘画创作赋予更多的内涵和情感。

（二）主题探索

1. 寻找灵感来源

每幅绘画作品都应该有一个清晰的主题或意图，而寻找合适的主题则是绘画创作的第一步。在教学中，教师可以引导学生从日常生活、历史文化、新闻热点等方面寻找灵感来源，激发他们的创作欲望。例如，可以让学生观察和记录身边的人、事、物，从中挖掘出有趣的主题或情感；还可以组织学生进行主题讨论和头脑风暴，让他们分享自己的想法和观点，互相启发和借鉴，从而找到适合自己的创作主题。

2. 确定创作方向

确定了创作主题之后，学生需要进一步明确自己的创作方向和表现手法。在教学中，教师可以通过讨论和分析不同的创作主题和表现方式，帮助学生理清思路，确定自己的创作方向。例如，可以让学生思考如何用色彩、线条、形态等艺术元素表达所选主题，以及如何选择合适的绘画风格和技法。通过这样的指导和训练，学生可以逐渐形成自己独特的创作风格和表现手法，使作品更具有个性和感染力。

3. 实践创作与反思总结

确定了创作主题和方向之后，学生需要进行实践创作，并不断进行反思和总结。在教学中，教师可以引导学生制定创作计划和方案设计，指导他们选择合适的绘画材料和工具，以及合理的创作时间和步骤。同时，还可以组织学生进行创作实践和作品展示，让他们展示自己的创作成果，接受他人的评价和建议，从中发现不足之处并加以改进。通过这样的实践和反思，学生可以不断提升自己的创作水平和审美能力，进一步发展和完善自己的绘画技能和风格。

（三）风格塑造

1. 了解不同画家的风格特点

每位画家都有自己独特的绘画风格，风格反映了画家的审美取向和个人特点。在教学中，教师可以通过介绍和分析不同画家的代表作品，让学生了解不同画家的风格特点和艺术风貌。例如，可以介绍凡·高的浓墨重彩、粗犷笔触，达利的超现实主义表现手法，毕加索的立体主义构图等。通过对不同画家风格的了解和分析，学生可以拓宽自己的艺术视野，丰富自己的创作思路，同时也可以借鉴和吸收他人的优点，提升自己的绘画水平。

2. 探索个人绘画风格

在了解和借鉴他人的绘画风格之后，学生需要进一步探索和塑造自己的绘画风格。在教学中，教师可以引导学生思考自己的审美取向和个性特点，激发他们挖掘自身潜能，形成独特的绘画语言和风格。例如，可以让学生从自己的生活经历、情感体验和个人兴趣出发，发现和表达自己独特的创作主题和表现方式，从而形成自己独特的绘画风格；还可以通过对学生作品的指导和评价，帮助他们发现和强化自己的绘画特点和个性特色，逐步塑造和完善自己的绘画风格。

3. 不断实践与提升

绘画风格的形成是一个不断实践和提升的过程，在教学中，教师应该鼓励学生保持创作的热情和勇气，不断进行实践和探索，不断提升自己的绘画水平和艺术表现力。例如，可以组织学生参加绘画比赛、展览和艺术活动，与其他学生和艺术家交流和分享，从中获得启发和反馈，不断完善自己的绘画技巧和风格特点。同时，教师还应该引导学生保持谦逊和开放的心态，接受他人的意见和建议，不断学习和吸收他人的优点，进一步提升自己的绘画水平和艺术境界。

第二节 风景、人物、静物写生与表现

一、风景写生与表现

风景写生要求学生仔细观察自然环境中的景物，捕捉光影变化、色彩层次和形态结构等。教师可以指导学生学习如何运用取景框架、对角线和分割线等进行构图，提高他们的构图能力和创作表现力。

（一）引导学生自主选景写生

自然景观是美术学习中极富启发性的资源，能够培养学生的观察力、想象力及创造力。在户外写生中，学生能够亲身感受大自然的美妙与壮丽，从而更好地理解绘画对象的形态和结构。教师应引导学生自主选择写生场景，例如山水、花草、建筑等，让他们通过实际观察和绘画实践，提升绘画表现能力。

1. 大自然的启迪

大自然作为美术学习的宝库，不仅为绘画提供了丰富的题材，更是学习与创作的最佳场所。自然界的广阔与丰富不仅是人类审美情趣的源泉，也是艺术创作的灵感来源。在大自然中，学生能够亲身感受到自然景观的壮美与神奇，这种直接的感受不仅能够深刻地触动学生的情感和思维，更能够培养他们对美的感知和理解能力。通过自主选景写生，学生可以从大自然中获取灵感，感受自然之美，激发内心深处对艺术创作的热情与渴望。

大自然作为美术学习的重要资源，其美育意义不可忽视。首先，大自然的多样性与丰富性为学生提供了广阔的学习空间和丰富的创作素材。在大自然中，学

生可以观察到各种不同的景象和生物，如巍峨的高山、茂密的森林、奔腾的河流、多姿多彩的花草等，这些丰富多彩的景象不仅可以启发学生的想象力和创造力，更可以激发他们对艺术的兴趣和热爱。其次，大自然的原始与自然之美对于培养学生的审美情趣和艺术鉴赏能力具有重要意义。自然景观的壮美与神奇往往能够深深地触动学生的心灵，激发出他们对美的独特感受和理解。通过观察与体验大自然的美丽景观，学生不仅可以提高自己的审美水平，更可以培养出独特的艺术情趣和鉴赏能力。最后，大自然的变化与季节性为学生提供了丰富的学习与创作机会。在不同的季节和环境下，大自然呈现出不同的景象和色彩，如春天的百花盛开、夏日的草木繁茂、秋天的金黄色调、冬季的银装素裹等，这些丰富多彩的景象不仅为学生提供了丰富的学习素材，更为他们的艺术创作提供了无限的想象空间。

因此，教师应当充分利用大自然这一丰富资源，引导学生通过自主选景写生，从大自然中获取灵感，感受自然之美，从而激发出他们内心深处对艺术创作的热情与渴望。通过自主选景写生，学生不仅可以提高自己的观察能力和表现能力，更可以培养出独特的艺术情趣和审美情趣，为未来的艺术创作打下坚实的基础。

2. 自主选景写生的意义与方法

（1）观察方法与取景构图

自主选景写生是一种有效的学习方法，通过这种方式，学生能够在实践中学会观察方法和取景构图，从而培养出对周围环境的敏感度和理解力。在这个过程中，教师扮演着引导者和指导者的角色，通过适当的指导和激励，帮助学生发现美、感知美，并将其表现在画布上。

观察方法是写生过程中至关重要的一环。教师应当引导学生注重观察细节，抓住景物的主题和特点，包括对光影的变化、色彩的对比及景物的比例关系等方面的观察。通过对这些细节的观察，学生可以更准确地把握景物的形态和特征，从而在画面中表现出来。例如，学生可以观察光线的折射和反射情况，捕捉到光影变化的细微差别，从而在作品中准确地表现出景物的立体感和质感。同时，学生也可以观察色彩的对比和搭配，抓住景物的色彩特点，使画面更加生动和具有表现力。此外，学生还需要注意景物之间的比例关系，确保画面的构图合理，能够引导观众的视线，产生艺术上的美感和情感共鸣。

取景构图是写生过程中的另一个重要环节。教师应当引导学生合理构图，使画面更具有吸引力和表现力。构图不仅包括画面元素的位置排列，还包括画面的整体结构和布局。在构图过程中，学生需要考虑到画面的主题、画面元素的分布、前景与背景的关系等因素，使画面更具有层次感和空间感。例如，学生可以通过调整画面元素的位置和大小，突出画面的主题，强化画面的中心点，从而吸引观众的目光，产生视觉上的冲击力和感染力。同时，学生还可以通过合理运用对比和重复等构图手法，增强画面的表现力和艺术感染力，使画面更加丰富多彩。

（2）速写与色彩练习

在户外写生中，速写和色彩练习是两项重要的技法和内容。速写作为一种常用的技法，具有独特的功能和意义。它能够帮助学生捕捉景物的瞬间印象，迅速记录下观察到的景象，培养他们的观察和表现能力。速写要求学生在有限的时间内，用简洁的线条和笔触勾勒出景物的基本轮廓和特征，迅速捕捉到景物的形态和氛围。通过速写练习，可以锻炼学生的观察力和记忆力，培养其对于细节的敏感度和把握能力。同时，速写练习还可以帮助学生形成自己的绘画风格和表现方式，提高他们的绘画速度和效率，为后续的创作打下坚实的基础。

另外，色彩练习也是户外写生中的重要内容之一。通过对自然光影和色彩的观察与描绘，学生能够提高色彩感知能力和表现技巧，丰富自己的绘画语言。在色彩练习中，学生需要观察自然界中的光影变化和色彩分布，学会用适当的色彩和色调来表现景物的质感和氛围。通过色彩的运用和表现，学生可以使作品更加生动和具有表现力，增强观众的视觉享受和艺术体验。此外，色彩练习还可以帮助学生培养色彩感觉和审美观念，增强他们对于色彩搭配和运用的敏感度和理解力，提高他们的色彩表现能力和艺术表达水平。

3. 引导学生的写生实践

（1）导览与示范

在引导学生进行自主选景写生时，教师的导览与示范起着至关重要的作用。首先，教师可以进行一次导览，带领学生认识和感受所选择的自然景观。导览的过程可以包括带领学生走进自然环境，让他们感受大自然的气息和氛围，观察周围的景物和景象，体验自然界的美妙和奇妙。通过导览，使学生更加深入地了解选定的景物，为后续的绘画创作提供丰富的素材和灵感。

随后，教师可以通过示范绘画，向学生展示如何观察、构图和绘制，激发他们的学习兴趣和创作激情。教师可以以速写和素描的方式进行示范，展示对景物形态、轮廓和纹理的捕捉与表现。教师可以选择一个具有代表性的景物或景象进行示范，逐步演示绘画的过程和技巧。通过教师的示范，学生可以直观地了解到观察景物的方法和技巧，学习如何构图和表现景物的特点和魅力。同时，示范也可以激发学生对绘画创作的浓厚兴趣和热情。

（2）个性化指导与反馈

在学生进行写生实践的过程中，教师的个性化指导和反馈起着至关重要的作用。了解每位学生的绘画水平和风格特点，针对其个体差异采取不同的教学策略和辅导方法，是确保学生成长的关键之一。教师应该根据学生的实际情况，为他们提供具体而有针对性的指导，帮助他们充分发挥创造力和想象力，不断提升绘画表现能力。

个性化指导首先需要对学生的绘画水平进行全面了解和评估。教师可以通过观察学生的作品、与学生交流和沟通，以及进行一对一的辅导，了解他们的绘画技巧掌握程度、表现习惯、创作倾向等方面的情况。基于这些信息，教师可以制定个性化的教学计划和指导方针，针对学生的不足之处提供有针对性的训练和指导。

在个性化指导的过程中，教师应该注重激发学生的学习兴趣和主动性。通过了解学生的兴趣爱好和个人喜好，设计与之相关的绘画主题或题材，激发学生的学习热情和创作动力。同时，教师还可以鼓励学生自主探索和实践，给予他们足够的自由度和空间，让他们在绘画实践中不断尝试和探索，发现自己的潜能和特长。

除了个性化的指导外，及时反馈也是非常重要的。教师应该在学生完成绘画作品后及时进行评价和反馈，指出其作品中存在的问题和不足之处，并提出具体的改进建议和指导意见。同时，教师也应该及时给予学生积极的鼓励和肯定，激励他们继续努力和进步。通过这些积极反馈，学生可以及时了解自己的绘画水平和进步情况，从而更有针对性地进行学习和提高。

（二）风景写生的物象选择和处理

1. 创新性写生与想象力

（1）创造性思维的培养

在风景写生中，学生的创造性思维是至关重要的。写生不仅是对客观景物的简单再现，更是对内心情感和想象力的深层表达。因此，教师在教学过程中应该积极引导学生发挥创造性思维，将所观察到的景象与个人的想象相结合，从而创作出更加富有意境的个性化作品。

学生在风景写生中，应该大胆尝试，敢于展现自己独特的视角和感受。可以通过将观察到的景象与自己的情感经验相融合，表达出丰富的内心世界。这种创

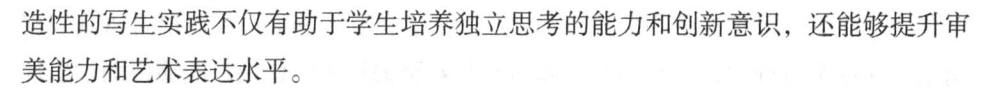

造性的写生实践不仅有助于学生培养独立思考的能力和创新意识，还能够提升审美能力和艺术表达水平。

教师在激发学生的想象力方面起着至关重要的作用。教师可以通过提出一些启发性的问题或主题，如"你眼中的理想乡村"或"梦境中的森林"，引导学生在写生实践中融入个人的想象和情感。通过这样的引导，学生可以更好地将自己的内心世界与外部景象相连接，创作出具有独特性和艺术性的作品。

教师还可以通过提供一些创作技巧和方法，帮助学生更好地实现想象和观察的结合。例如，教师可以引导学生运用一些特殊的绘画技法，如拼贴、水彩溶解等，来表现内心世界的丰富和多样。通过这样的创作实践，学生不仅可以提升自己的绘画技能，还能够更好地表达自己独特的创作理念和情感体验。

（2）探索自我表达的空间

风景写生作为学生进行艺术实践的重要方式之一，具有极大的个人表达和情感宣泄的潜力。教师在指导学生时，应该给予他们足够的自由度和探索空间，鼓励他们尝试各种创新手法和表现方式。这种自由的探索空间可以为学生提供独特的艺术平台，让他们能够发现和表达自己内心深处的情感和想法。

首先，教师可以组织学生进行情绪写生。这是一种以情感为主导的写生方式。在情绪写生中，学生可以根据自己当时的情感状态和心境，选择合适的景物进行表达。通过绘画的方式，他们可以将内心的喜怒哀乐等情感表达出来，实现个性化的艺术创作。例如，心情沉郁的学生可以选择画一幅阴雨天的景象，表达自己内心的忧伤和郁闷；心情愉悦的学生则可以选择画一幅阳光明媚的风景，表达自己内心的愉悦和轻松。

其次，教师还可以鼓励学生通过风景写生来探索自我表达的空间。在风景写生中，学生可以选择自己感兴趣的主题和对象进行创作，以展现自己独特的视角和表达方式。例如，热爱大自然的学生可以选择画一幅森林或湖泊的景象，表达自己对大自然的热爱和敬畏；热爱城市生活的学生则可以选择画一幅繁华都市的景象，表达自己对现代都市生活的感受和理解。通过这样的创作实践，学生可以发现和展现自己独特的艺术风格和个性特点，实现自我表达的目标。

2. 画面取舍与情感表达

（1）画面构图的重要性

在进行风景写生时，画面构图的重要性不言而喻。这一环节涉及学生对观察到的景象进行取舍，突出表现的重点和情感表达。这需要学生具备一定的理性思考能力，能够准确把握景物的特点和自己的情感体验，并通过绘画语言将其表现出来。在这个过程中，教师的引导和指导起着至关重要的作用，能够帮助学生理清思路，选择能够触动情感的景象，并通过画面构图和色彩运用更好地表达情感和理解。

首先，画面构图是风景写生中不可或缺的一环。通过合理的构图，学生能够有效地传达自己对景物的情感和感悟，使画面更加生动和有力。例如，通过选择适当的视角和画面布局，学生可以突出景物的主题和特点，引导观众的视线，取得更好的表现效果；而通过控制画面的大小和比例，学生可以调整画面的视觉效果，使之更加和谐。因此，画面构图是风景写生中至关重要的一环，直接影响着作品的表现效果和艺术感染力。

其次，画面构图的重要性还体现在其对情感表达的影响上。通过合理的画面构图，学生能够更好地突出自己的情感表达，使作品更具表现力和感染力。例如，通过选择合适的前景、中景和远景，学生可以营造出不同的情感氛围，引发观者的共鸣；而通过控制画面的光影和色彩，学生可以表达出自己内心深处的情感，使作品更具张力和感染力。因此，画面构图不仅是风景写生中的技术问题，更是情感表达的重要手段和载体。

最后，教师对画面构图的引导和指导至关重要。通过分析优秀的风景画作品，教师可以引导学生认识画面构图的重要性，并提供技巧和方法，让学生在实践中逐步掌握如何利用画面构图表达自己对景物的情感和感悟。例如，教师可以通过讲解画面构图的基本原理和技巧，帮助学生理解如何选择合适的画面角度和布局，如何处理画面的前景和背景关系，如何运用线条和色彩来增强画面的层次和立体感等。通过这样的指导和训练，使学生更好地掌握画面构图的要领，提高创作水平和表现能力。

（2）情感表达的多样性

风景写生作为一种艺术实践，在教学中旨在通过绘画表达学生内心的情感和体验。在这个过程中，学生可以通过绘画语言，如构图、色彩、线条等，将自己对景物的情感和理解融入到作品之中，创造出富有情感和个性的作品。

首先，学生应被鼓励勇于表达内心的真实感受。情感表达需要来自内心的真实情感，只有当学生敢于直面自己的情感，并将其表达出来，才能创作出真正打动人心的作品。因此，教师应该在教学中鼓励学生敞开心扉，勇于表达自己对景物的情感和体验，不受外界的束缚和限制。

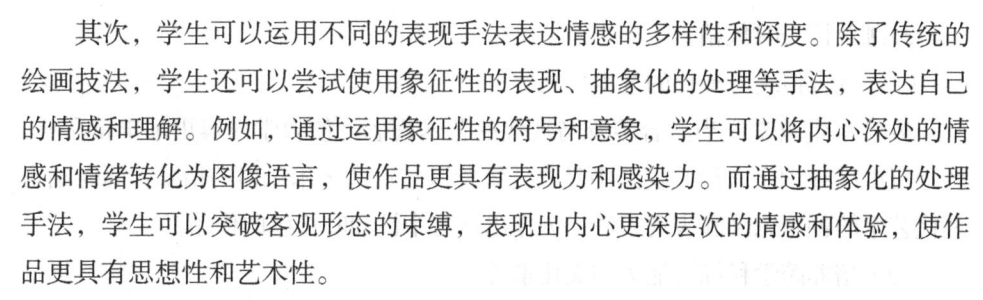

其次，学生可以运用不同的表现手法表达情感的多样性和深度。除了传统的绘画技法，学生还可以尝试使用象征性的表现、抽象化的处理等手法，表达自己的情感和理解。例如，通过运用象征性的符号和意象，学生可以将内心深处的情感和情绪转化为图像语言，使作品更具有表现力和感染力。而通过抽象化的处理手法，学生可以突破客观形态的束缚，表现出内心更深层次的情感和体验，使作品更具有思想性和艺术性。

最后，教师在指导学生时应注重引导他们发掘和表达情感的多样性。教师可以通过分析优秀的艺术作品，引导学生认识情感表达的多种形式和表现方式，激发他们的创作灵感，拓展他们的表现空间。同时，教师还可以提供丰富多彩的素材和题材，让学生在创作中不断探索和发现，丰富和深化自己的情感表达。

（三）风景写生的教学理念

风景写生作为美术教育中重要的一环，其教学理念应当与时俱进，注重创新，尊重学生个性，同时融合传统与现代的艺术理念，体现时代精神。

1. 时代性与创新性

（1）时代潮流的反映

随着社会的不断变化和发展，风景写生教学理念也应与时代潮流保持一致。教师需要不断关注当下的艺术趋势和潮流，将新的艺术理念引入教学实践，更好地满足学生的学习需求。

（2）创新精神的培养

风景写生教学应当注重培养学生的创新精神和实践能力。教师可以通过引导学生尝试新的绘画技法、表现手法和创作思路，激发他们的创造力和想象力，使其在实践中不断探索和发现。

2. 学生主体性与个性化

（1）尊重学生的兴趣和创作倾向

在风景写生教学中，教师应当尊重学生的主体性和个性化需求，充分发挥他们的创造力和表现欲望。教师可以根据学生的兴趣爱好和特长，为他们提供个性化的教学指导和支持。

（2）提供充分的表现空间

教师应当给予学生充分的表现空间和自由发挥的机会，鼓励他们尝试不同的绘画风格和表现方式。通过个性化的教学指导和评价，激发学生的创作潜能，培养他们独立思考和表达的能力。

3.融合性与时代精神

（1）融合传统与现代的艺术理念

风景写生教学应当融合传统与现代的艺术理念，使教学内容更加丰富多样。教师可以引导学生在绘画实践中吸收传统绘画技法和艺术风格的精髓，同时结合现代艺术的创新思维和表现手法，创作出富有个性和时代感的作品。

（2）培养跨学科综合能力和文化素养

通过融合不同艺术流派和文化元素，教师可以培养学生的跨学科综合能力和文化素养，使他们在风景写生作品中体现时代精神和个性魅力。教师可以引导学生关注社会和文化现象，将其融入绘画创作，丰富作品的内涵和表现力。

二、人物写生与表现

（一）人物比例与解剖学

人物写生的基础是掌握人体比例和基本的解剖知识，这有助于学生准确地描绘人物的结构和姿势，提高其艺术表现能力。在教学中，通过多种方式帮助学生掌握这些知识是至关重要的。

1.人体比例的掌握

（1）头身比的学习

在人物写生中，正确的头身比例是确保人物形象逼真的关键之一。教师可以通过简单的示范和练习，让学生理解头身比的重要性，并掌握正确的头身比例。例如，教师可以使用比例示意图，将人体分成若干段，如头部、躯干、上肢和下肢，并解释每一部分的比例关系，然后通过绘画练习，让学生尝试根据比例示意图绘制人物轮廓，逐步培养他们对头身比例的敏感度和掌握能力。

（2）四肢比的练习

除了头身比，合理的四肢比例也是人物形象逼真的关键因素。教师可以组织学生进行四肢比例的练习，例如绘制简单的人体轮廓，并标注四肢的长度比例。通过这样的练习，学生可以逐渐掌握四肢长度与身体的比例关系，提高绘画作品的准确性和逼真度。

2.基本解剖知识的学习

（1）骨骼结构的介绍

了解人体的骨骼结构对于准确绘制人物形象至关重要。教师可以通过讲解解剖学知识，介绍人体主要骨骼的名称和位置，如颅骨、躯干骨和四肢骨等。同

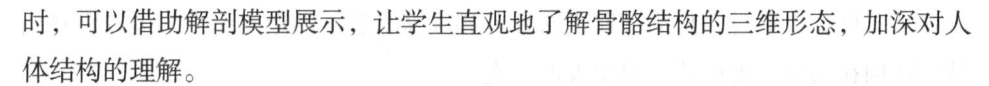

时，可以借助解剖模型展示，让学生直观地了解骨骼结构的三维形态，加深对人体结构的理解。

（2）肌肉分布的讲解

除了骨骼结构，了解人体肌肉的分布对于绘制生动的人物形象同样重要。通过深入了解肌肉的分布，学生可以更准确地描绘人物的体态和肌肉线条，使作品更加生动和逼真。

3. 模特示范和速写练习

（1）模特示范的重要性

模特示范是学生掌握人体比例和解剖学知识的重要途径之一。教师可以组织模特进行各种姿势的示范，如站立、坐和各种动态姿势等，让学生观察和记录模特的形象特征。通过模特示范，学生可以直观地了解人体的比例和结构，培养对人物形象的观察和表达能力。

（2）速写练习

速写练习是提高学生绘画技巧和表现能力的有效方法。教师可以组织学生进行速写练习，要求他们在规定的时间内快速描绘模特的形象。通过速写练习，学生可以锻炼快速捕捉形象特征的能力，提高绘画的准确性和效率。同时，速写练习也可以帮助学生培养对人物形象的观察和表达技巧，增强绘画作品的生动性和表现力。

（二）肌肉与动态表现

人物画不仅要准确地描绘外形，还要能够表现人物的动态和姿态，这需要学生掌握人体肌肉的基本结构和运动原理。在教学中，教师可以通过一系列练习和示范帮助学生提高人物动态的表现力。

1. 学习人体肌肉结构

（1）肌肉结构的基本了解

在学习人体肌肉结构时，学生需要了解主要肌肉群的分布和功能。教师可以通过解剖图解和肌肉模型展示等方式向学生介绍常见的肌肉，如胸肌、腹肌、肱二头肌等，以及它们在人体运动中的作用。对肌肉结构的基本了解可以为学生后续的动态表现打下基础。

（2）肌肉结构与动态表现的关系

理解肌肉结构对于准确表现人物的动态和姿态至关重要。教师可以通过比较静态和动态状态下的肌肉结构差异，帮助学生理解人体在不同动作下肌肉的伸缩和变化。例如，通过对比肩部肌肉在伸展和收缩状态下的形态，学生可以更好地掌握肌肉在动态表现中的作用和表现方式。

2. 运动原理的理解

（1）运动学原理的学习

运动学是研究人体运动的科学，了解其基本原理对于表现人物的动态非常重要。教师可以通过向学生介绍运动学的基本概念，如速度、加速度、力和动量等，以及它们在人体运动中的应用，使学生更深入地理解人体在不同动作下的运动规律和特点。

（2）运动分析的实践

运动分析是学生理解人体运动原理的重要方法之一。教师可以组织学生观察和分析不同动作下人体的运动特点，如行走、跑步、跳跃等，以及相关肌肉的运动轨迹和力的作用。通过实际观察和分析，学生可以更直观地理解人体运动的原理和规律，为动态表现提供实践基础。

3. 模特表演和速写练习

（1）模特表演的重要性

模特表演是学生学习动态表现的重要途径之一。教师可以安排模特进行各种动作和姿态的表演，让学生观察和捕捉不同动态下人体的形态和线条。通过观察真实的动态表现，学生可以更加直观地理解人体在不同动作下的变化和特点，提高动态表现的准确性和逼真度。

（2）速写练习

速写练习是加强学生动态表现能力的有效方式。教师可以安排学生进行速写练习，要求他们在规定的时间内快速捕捉模特的动态形象。通过速写练习，学生可以锻炼快速捕捉动态形象的能力，提高绘画的准确性和表现力。同时，速写练习也可以帮助学生加深对人体结构和运动原理的理解，为日后的艺术创作奠定坚实基础。

三、静物写生与表现

（一）物体形态与材质处理

1. 观察物体形态

（1）观察物体的形状

教师引导学生仔细观察静物对象的形态特征，包括整体轮廓、边缘线条和各

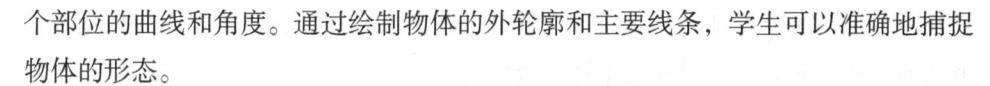

个部位的曲线和角度。通过绘制物体的外轮廓和主要线条，学生可以准确地捕捉物体的形态。

（2）描绘物体的纹理和细节

教师指导学生观察物体表面的纹理和细节，如质地、光泽度和表面纹理等。学生可以运用不同的绘画技法，如拓印、擦除和打白等，表现物体表面的纹理和细节，增强作品的真实感和立体感。

（3）捕捉光影变化

教师鼓励学生观察物体在光照下产生的光影变化，包括明暗对比、色调变化和反射光影等。学生可以通过绘制阴影和高光等，准确地表现物体在不同光线条件下的外形特征，使作品更加生动和逼真。

2. 表现物体材质

（1）学生体验物体材质

教师引导学生通过触摸和观察感受静物对象的材质特征，如光滑与粗糙、硬与软等，从而更好地理解物体的材质属性。学生可以通过观察和体验，感知物体材质的不同之处，并将其运用到绘画实践中。

（2）运用绘画技法表现材质

教师指导学生运用不同的绘画技法和材料，如水彩、油画和素描等，表现物体的材质特征。学生可以通过调节笔触和颜色的运用，模拟物体表面的质感和光泽度，使作品更富有层次和立体感。

（3）注重色彩和明度的处理

教师鼓励学生注重色彩和明度的处理，以准确地表现物体的材质特征。学生可以通过调整色彩的饱和度和明度，控制画面的色调和明暗关系，使作品更具有表现力和感染力。

（二）装饰与环境布置

1. 设计静物的摆放和布局

（1）选择合适的静物对象

教师指导学生根据主题和构图要求，选择适合的静物对象进行绘画。学生可以根据自己的兴趣和创意，选择独具特色或纹理丰富的物体，丰富作品的视觉效果和表现力。

（2）合理摆放静物

教师引导学生根据静物的形态和材质特征，合理地摆放和布置静物对象，以突出主题和创意。学生可以通过调整静物的位置和角度，营造出丰富的视觉效果和表现氛围，使作品更具有艺术感和吸引力。

2. 加入装饰元素和创作构思

（1）注重环境的装饰和布置

教师鼓励学生在静物绘画中加入装饰元素，以丰富作品的情感表达和表现形式。学生可以通过添加花朵、叶子、布景等元素，营造出丰富多彩的画面效果，增强作品的艺术感和表现力。

（2）注重创作构思和想象力

教师引导学生注重创作构思和想象力的发挥，在静物绘画中表现个性和独特性。学生可以通过自由发挥想象力，创造出具有个性特色和富有表现力的作品，展现自己独特的艺术观念和审美情趣。

第三节　数字绘画与媒体艺术融合

一、创意思维与设计概念

（一）创意思维的培养

1. 头脑风暴

（1）活动设计与组织

头脑风暴是一种集体思维的方法，旨在激发学生的创意思维和想象力。教师可以设计具有启发性和开放性的问题或主题，并组织学生集体进行头脑风暴活动。例如，在讨论某一主题时，教师可以提出问题，如"如何用艺术作品表达对环境保护的关注"，然后鼓励学生自由发挥，提出各种创意点子。

（2）促进思维碰撞与交流

在头脑风暴活动中，教师应鼓励学生充分发表自己的观点和想法，并引导他们相互借鉴和补充。通过思维碰撞和交流，学生可以从不同的角度思考问题，产生更多元化和富有创意的想法。同时，教师也可以在适当时候给予学生积极的反馈和指导，帮助他们更好地理清思路、拓展思维。

2. 构思草图

（1）构思草图的重要性和作用

构思草图是记录和表达创意想法的重要工具，有助于学生快速将头脑中的想

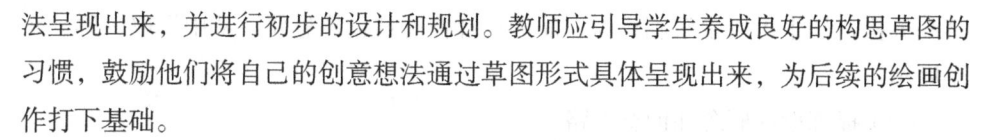

法呈现出来，并进行初步的设计和规划。教师应引导学生养成良好的构思草图的习惯，鼓励他们将自己的创意想法通过草图形式具体呈现出来，为后续的绘画创作打下基础。

（2）草图的绘制技巧和方法

教师可以向学生介绍草图的绘制技巧和方法，如快速勾勒轮廓、简单标注细节等。同时，鼓励学生在绘制草图时尽情发挥想象力和创造力，不必拘泥于细节和精确度。绘制草图的目的在于快速记录和表达想法，而不是完美呈现作品，因此学生应放下心中的束缚，大胆尝试，敢于展现自己的独特思维。

通过开展头脑风暴和构思草图等活动，学生可以培养和提高自己的创意思维能力。头脑风暴活动有助于学生从集体中汲取灵感、获得启示，开拓思维的广度和深度；构思草图则是将想法具体化和形象化的重要手段，可以帮助学生更好地理清思路和规划作品。

（二）设计概念的培养

1. 艺术理论学习

（1）知识内容和学习方法

艺术理论学习是培养设计概念的重要途径之一，教师可以引导学生学习色彩学、构图学、形态学等方面的知识。在色彩学方面，学生可以了解不同色彩的基本属性、色彩搭配的原则及色彩在情绪表达中的作用；在构图学方面，学生可以学习构图的基本原则、视觉重点的布局方法等；在形态学方面，学生可以探讨各种形态的特点和表现方式。教师可以通过讲解、展示案例、实践操作等多种方式，帮助学生深入理解这些理论知识，并将其运用到实际的绘画创作中。

（2）理论知识与创作实践的结合

艺术理论学习与创作实践相结合是培养设计概念的有效途径之一。教师可以通过布置相关的创作任务或项目，要求学生在实际的绘画过程中运用所学的理论知识，如设计一个以冷色调为主题的绘画作品，要求学生根据色彩学原理选择合适的颜色并运用到作品中。通过实践操作，学生可以更加深入地理解和应用艺术理论，提升自己的设计能力和水平。

2. 作品分析与评价

（1）作品分析的目的和方法

教师可以组织学生对优秀的绘画作品进行深入分析和评价，分析的内容可以包括作品的构图、色彩运用、线条表现、情绪表达等方面。通过对作品的细致观察和分析，学生可以了解到优秀作品的设计概念和创意思路，从中汲取灵感、获得启示。

（2）提炼设计概念和创意思路

在作品分析的过程中，教师可以引导学生提炼出其中的设计概念和创意思路。例如，通过分析一幅表现自然风景的绘画作品，学生可以理解到作者在构图上的巧妙设计和色彩运用上的精湛技巧，从而在自己的作品中运用类似的设计概念和创意思路。同时，教师也可以鼓励学生在分析中提出自己的见解和观点，促进学生的批判性思维和创造性思维的发展。

通过艺术理论学习和作品分析与评价等活动的开展，学生可以逐步培养和提升自己的设计概念。艺术理论学习使学生掌握了基本的设计原则和规律，而作品分析与评价则让学生在实践中领悟到这些理论知识的实际运用，从而更好地理解和应用设计概念。

二、图像合成与特效运用

（一）图像合成技巧

1. 多层合成

多层合成是图像合成技巧中的一项关键技术。学生需要学习如何使用专业的图像处理软件进行多层合成，掌握这些软件的基本操作和功能，包括界面布局、工具栏功能及快捷键的运用。理解图层的概念和应用是多层合成的核心，学生需要熟悉图层的创建、删除、复制、合并等操作，利用图层实现图像的分层组织和管理。此外，掌握图层的叠加、遮罩和混合模式等技巧对于图像合成至关重要。不同的叠加模式和混合模式会对图像产生不同的效果，使用遮罩可以实现图层的局部显示和隐藏。通过灵活运用这些技巧，学生能够实现图像元素的无缝融合和效果的细致调整，创造出丰富多彩的画面效果。

2. 素材选取与处理

（1）灵活运用各种素材

教师鼓励学生灵活运用各种素材进行图像合成，包括照片、插画、纹理等。学生可以通过网络资源下载、自己拍摄照片或手绘插画等途径获取素材，并根据自己的创意进行合成。教师可以引导学生在素材选取上注重多样性和个性化，从而为图像合成增添更多的创意和特色。

（2）精细处理和调整

学生需要学习如何对选取的素材进行精细处理和调整，以实现图像的完美合

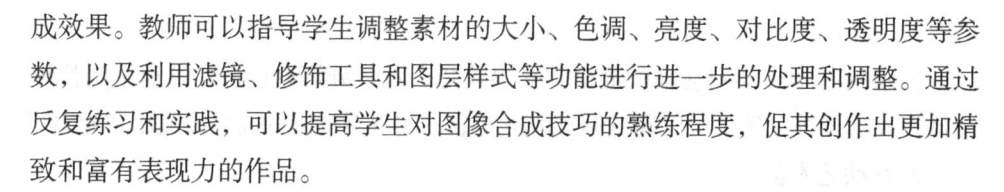

成效果。教师可以指导学生调整素材的大小、色调、亮度、对比度、透明度等参数，以及利用滤镜、修饰工具和图层样式等功能进行进一步的处理和调整。通过反复练习和实践，可以提高学生对图像合成技巧的熟练程度，促其创作出更加精致和富有表现力的作品。

（二）特效运用技巧

1. 光影效果

（1）添加阴影和高光

教师可以指导学生了解不同光源下的阴影和高光表现，以及它们对物体形态和表面质感的影响。通过掌握阴影和高光的绘制技巧，学生可以有效模拟光线的照射和反射情况，使作品更加逼真。

（2）反射效果的应用

教师引导学生学习如何添加反射效果，使作品更加生动和具有层次感。学生需要理解不同材质和表面对光线的反射规律，以及反射效果在画面中的表现方式。通过掌握反射效果的运用技巧，学生可以为作品增添更多的细节和质感，使其更具观赏性和吸引力。

2. 色彩调整与滤镜应用

（1）色彩调整技巧

教师指导学生运用色彩调整工具，调整作品的色调、明暗和饱和度等参数，实现对作品色彩的精准控制。学生需要理解不同色彩调整功能的作用和效果，以及它们对作品整体氛围和情绪的影响。通过灵活运用色彩调整技巧，学生可以打造出符合自己创作意图的色彩效果，增强作品的表现力和感染力。

（2）滤镜应用技巧

教师鼓励学生尝试运用各种滤镜效果，如模糊、锐化、扭曲等，为作品增添特殊的视觉效果和艺术感。学生可以通过调整滤镜参数和叠加不同的滤镜效果，实现对画面的个性化处理和定制化呈现。教师可以指导学生选择合适的滤镜效果，并根据作品需要进行适度的调整，以实现更加丰富多样的表现效果。

（三）动画与互动创作

1. 动画制作技巧

（1）关键帧动画

教师可以引导学生进行实践操作，从简单到复杂逐步掌握动画制作的基本技能。

（2）动画渲染与导出

教师指导学生学习动画的渲染和导出技巧，包括分辨率设定、帧速率调整和文件格式选择等。学生可以通过调整渲染参数，实现对动画的高品质输出和导出。

2. 互动艺术创作

教师引导学生学习互动艺术创作的基本原理和设计方法，包括用户体验、界面设计和交互逻辑等方面的知识。学生可以通过理论学习和实践操作，掌握互动艺术作品的设计和制作技巧。

3. 多媒体整合与展示

教师组织学生将数字绘画与其他媒体形式进行整合，创作出具有互动性和多样化表现形式的作品。学生可以通过制作多媒体作品集、网络展览和虚拟现实体验等方式，展示自己的作品和创意成果。

三、教学案例分析

信息时代不仅改变了人们的生活方式，促进了社会经济的发展，也对教育的发展产生了深刻的影响。利用信息技术辅助美术教学势在必行。云课堂融入高中美术鉴赏教学，不仅是高中课程建设的要求，更是时代和社会发展的需要。鉴于此，学校围绕美术课堂学习模式的变革，在美术鉴赏教学中应用云课堂引入《给孩子的中国美术简史》系列数字化课程，取得了显著的效果。在这个教学案例中，学校通过引入云课堂和数字化课程，改变了传统的美术鉴赏教学方式，取得了显著的效果。下面对这一案例进行分析：

（一）云课堂的特点

云课堂是一类面向教育和培训行业的互联网服务平台，它以计算机和通信技术为主要手段，实现学习现代化、服务人性化、信息资源化和传输网络化。云课堂使用简单、便捷，学生可以在 PC 端、移动端学习，教师可以组班上课，是高中美术鉴赏教学的有效辅助系统。

1. 混合式自主学习模式

美术云课堂采取混合式自主学习模式，结合线上和线下教学的优势，学生可以在云课堂自主学习基础知识，并在线下课堂上进行互动探究和实践应用。这种模式不仅能够充分发挥学生的自主性，还能够有效解决传统教学中课堂时间有限、学生学习兴趣不集中等问题，提升学习效果，更好地培养学生的创造性思维和独立思考的能力。

2. 教学活动的直观性

（1）视觉盛宴：中国古代经典绘画作品的高清呈现

云课堂精选了大量中国古代经典绘画作品，并通过高清图像和视频展示，为学生呈现了一场视觉盛宴。这种直观的展示方式，使学生能够身临其境地感受中国古代经典绘画作品的意境和神韵，更加深入地理解和欣赏艺术作品。

（2）多样化的教学技法

云课堂利用放大工具和多种技术手段，能够清晰展示作品的细节，使学生更加全面地理解艺术作品的构图、色彩和线条等要素。同时，以图文并茂的形式结合动画等直观手段，使学生获得了更多的审美体验和感受，激发了他们的学习兴趣。

（3）提升民族自豪感

通过欣赏优秀的中国古代绘画作品，学生不仅能够感受中国画所蕴含的优秀文化传统，还能够激发出强烈的民族自豪感。这种情感上的升华，使学生更加珍视并积极传承中华优秀传统文化，立志于学习和创作。

（4）数字化呈现方式的优势

云课堂采用数字化的呈现方式，相较于传统的展示方式，能够更加清晰便捷地展现作品的细节，有利于引导学生对作品进行深入观察和比较。这种直观的展示方式，不仅增强了学生的审美体验，还使学生更容易理解和掌握中国古代绘画理论，提升其艺术鉴赏能力。

3. 建立综合素养评价体系

通过云课堂的测评系统，教师可以实现对学生综合素养的全面评价。除了传统的标准化测试外，还可以通过驱动任务互动、过程性成绩分析等方式，更加全面地了解学生的学习情况和成长轨迹。这种综合素养评价体系有助于发现和培养学生的个性特长，促进其全面发展。

（二）美术鉴赏教学中应用云课堂的策略

1. 创设文化情境进行教学

在传统美术教学中，单纯地关注艺术作品的形式和技法，往往难以激发学生的学习兴趣和深层次的思考，而通过创设丰富的文化情境，将美术作品与历史、文学、音乐等多种文化元素结合起来，可以使学生在美术鉴赏的过程中获得更丰富的体验和认识。这种综合性的教学模式不仅可以提升学生的美术素养，还有助于培养其跨学科思维能力和综合素养。

（1）丰富的文化情境与美术作品的结合

在美术教学中，利用云课堂等数字化平台，教师可以将艺术作品与广泛的文化情境相结合，打破传统的学科界限，为学生呈现更加丰富多彩的学习体验。例如，在教学过程中，可以选择一幅著名的中国古代绘画作品，如吴道子的《步辇图》，通过链接"吐蕃使者出使唐朝"的历史故事，配以中国古典音乐，为学生营造浓郁的历史文化氛围。这样的情境设置可以帮助学生更好地理解作品所表达的意义和文化背景，激发其对艺术作品的兴趣和理解。

（2）跨学科教育的实践与意义

美术作品往往蕴含着丰富的历史、文化和社会内涵，通过将美术教学与历史、文学、音乐等学科相结合，可以实现跨学科教育的目标，培养学生的综合素养和跨学科思维能力。例如，在欣赏周昉的《簪花仕女图》时，教师可以引导学生关注盛唐时期的服饰风格，并与现代时尚设计进行对比，启发学生对历史与现实的思考。这种跨学科的教学模式有助于拓宽学生的知识视野，提升其综合能力和创新思维。

（3）文化情境下的美术教学方法与技巧

在创设文化情境进行美术教学时，教师需要灵活运用多种教学方法和技巧，使学生能够深入理解作品的内涵和意义。例如，在中国画技法教学时，可以结合具体作品进行解析，如石涛的《搜尽奇峰图》中运用的皴法，通过图文并茂的方式，可以让学生直观地理解技法的运用和效果。又如在教学梁令瓒的《五星二十八宿神形图》时，可以利用动漫手法生动展现二十八宿的形象和特征，帮助学生记忆和理解。这些方法和技巧的灵活运用，能够使教学内容更加生动有趣，激发学生的学习兴趣和积极性。

2. 打造以学生为主体的教学模式

（1）学生参与的教学模式设计

①建立学生学习任务导向

传统的教学模式往往以教师为中心，将知识灌输给学生，而现代教育理念强调学生的主体性和自主性。云课堂的教学模式设计以学生学习任务为导向，明确要求学生在学习过程中提出问题，从而激发学生的主动学习欲望。以云课堂《给孩子的中国美术简史》之"探寻中国名画的秘密"教学过程设计为例（图9），云课堂使教育内容和教学手段均实现了现代化，实现了教学中的师生互动、生生互动，凸显了学生学习的主体性地位，为建立以学生为中心的课堂教学模式奠定了基础。

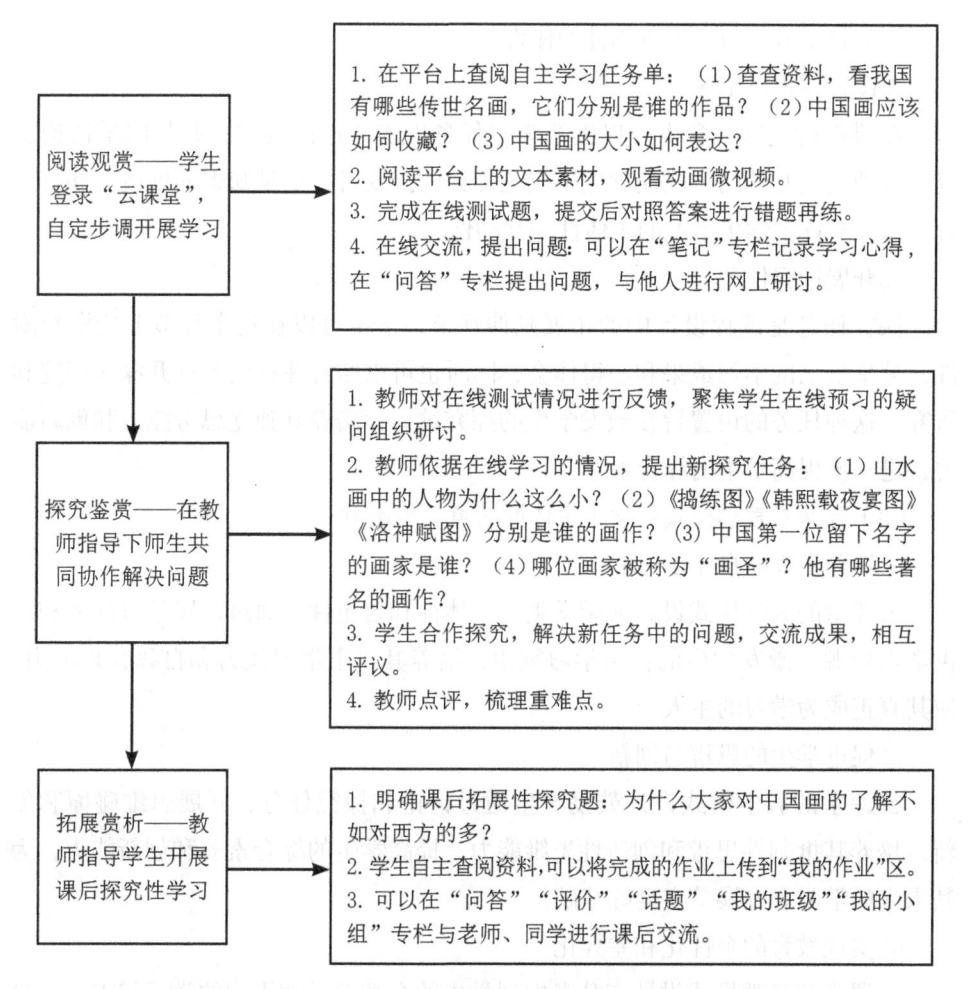

```
阅读观赏——学生          1. 在平台上查阅自主学习任务单：(1)查查资料，看我国
登录"云课堂"，           有哪些传世名画，它们分别是谁的作品？(2)中国画应该
自定步调开展学习    →    如何收藏？(3)中国画的大小如何表达？
                         2. 阅读平台上的文本素材，观看动画微视频。
                         3. 完成在线测试题，提交后对照答案进行错题再练。
                         4. 在线交流，提出问题：可以在"笔记"专栏记录学习心得，
                         在"问答"专栏提出问题，与他人进行网上研讨。

探究鉴赏——在教    →    1. 教师对在线测试情况进行反馈，聚焦学生在线预习的疑
师指导下师生共            问组织研讨。
同协作解决问题           2. 教师依据在线学习的情况，提出新探究任务：(1)山水
                         画中的人物为什么这么小？(2)《捣练图》《韩熙载夜宴图》
                         《洛神赋图》分别是谁的画作？(3)中国第一位留下名字
                         的画家是谁？(4)哪位画家被称为"画圣"？他有哪些著
                         名的画作？
                         3. 学生合作探究，解决新任务中的问题，交流成果，相互
                         评议。
                         4. 教师点评，梳理重难点。

拓展赏析——教      →    1. 明确课后拓展性探究题：为什么大家对中国画的了解不
师指导学生开展            如对西方的多？
课后探究性学习           2. 学生自主查阅资料，可以将完成的作业上传到"我的作业"区。
                         3. 可以在"问答""评价""话题""我的班级""我的小
                         组"专栏与老师、同学进行课后交流。
```

图9 "探寻中国名画的秘密"教学过程设计

②开展视频学习任务

通过视频学习任务，学生可以自己设定学习目标并观看相关视频，例如理解中国古代山水画"咫尺亦有千里之趣"的特点。这种学习方式突破了传统教学中纸质教材的局限，使学生可以更直观地感受和理解艺术作品的内涵和魅力，激发学习兴趣和积极性。

③作业任务与学习反馈机制

作业任务的设置不仅仅是对学生学习成果的检测，更重要的是为学生提供了学习反馈的机制。学生完成作业后，可以及时获得自动判分结果，了解自己的学习水平和知识掌握程度，及时调整学习策略，提高学习效果。

（2）教学流程与学生主体性的体现

①设置课程讨论区

在课程讨论区，学生可以围绕学习任务发表自己的观点，并与同学讨论交流。这种交流互动的方式使学生不仅是知识的接受者，更是知识的创造者和分享者，充分发挥了学生学习的主体性和互动性。

②开展探究任务

探究任务是课程设计中的拓展延伸环节，学生可以在这个环节上传资料附件，分享自己的学习成果和心得体会，同时也可以结合课程内容展开深入探究和研究。这种任务的设置旨在激发学生的探究欲望，培养其独立思考能力和创新能力，进一步提高学生的综合素养。

（3）云课堂教学模式对学生主体性的意义与影响

①培养学生的自主学习能力

云课堂的教学模式设计强调学生的主体性和自主性，通过设置学习任务和提供学习资源，激发学生的自主学习欲望，培养其自主学习能力和自我管理能力，使其真正成为学习的主人。

②促进学生的思辨与创新

云课堂的教学模式设计鼓励学生通过讨论和探究任务，开展思维碰撞和创新，培养其批判性思维和创造性思维能力，提高学生的综合素养和创新能力，为其未来的学习和发展奠定良好基础。

③实现教育的个性化和差异化

云课堂的教学模式设计充分考虑到学生的个性差异和不同的学习需求，通过设置灵活多样的学习任务和反馈机制，为学生提供了个性化的学习环境和学习路径，使每个学生都能发挥出自己的潜能，实现个性化和差异化的教育目标。

3. 实施教学的多元化评价

云课堂致力于以学生发展为中心，注重学生的实践和体验，注重学生的自主选择和主动参与，注重培养学生的实践能力和创新精神。

（1）云课堂的基础性结果考核与多元化评价

云课堂作为一个数字化学习平台，致力于以学生发展为中心，提倡多元化的评价方式，以满足不同学生的学习需求和发展水平。其中，基础性结果考核是其评价体系中的一部分，通过小测验功能，帮助教师掌握学生的学习进展，了解其学习效果。这种基础性结果考核的优点在于能够快速、客观地评估学生的知识掌握程度，为教学提供及时的反馈，有利于教师进行教学策略的调整和优化。

传统的基础性结果考核往往局限于检验学生对知识点的掌握程度，缺乏对学生综合素养和实践能力的评价。因此，云课堂采用多元化评价方式，将基础性结果考核与其他形式的评价相结合，实现对学生的全面评价。

（2）"课程讨论区"的多元化评价平台

在云课堂中，设立了"课程讨论区"作为多元化评价的重要平台。该平台分为"话题""笔记""资料区"和"评价"四个专栏，为学生提供了丰富的参与和表达机会。

在"评价"专栏中学生可以发表自己的学习心得和感想，接受他人的评价和反馈。这种开放式的评价形式不仅能够从多角度对学生的学习情况进行评价，还能够促进学生之间的交流与合作，培养其团队合作和沟通能力。

（3）过程性评价的意义与实践

美术作品的评价不同于数学、物理、化学等学科，没有所谓的"标准答案"，其结果存在差异性，采用传统的基础性结果考核方式往往难以全面评价学生对美术作品的理解和表现。因此，云课堂倡导实施多元化的评价，特别是拓展创新式的"过程性评价"。

过程性评价强调对学生学习过程的关注，注重学生的实践和体验，以及学生在解决问题过程中的思考和表现。在美术教学中，过程性评价可以通过学生的作品展示、讨论和自我评价等方式实施，促进学生的创造性思维和艺术表现能力的发展。

通过实施过程性评价，教师可以更全面地了解学生的学习情况和能力水平，为学生提供有针对性的指导和支持，促进其全面发展和成长。同时，过程性评价也能够激发学生的学习动机和兴趣，增强其学习的主动性和积极性，从而实现教育目标。

（三）云课堂在美术鉴赏教学中的意义

1. 增加学习的趣味性

兴趣是最好的老师。在传统的美术鉴赏课上，学生习惯了教师的讲解，枯燥无味的灌输式教学使学生学习兴趣逐步衰减，学习效率低下。

（1）趣味性设计的教学形式

兴趣是学习的最好动力，而在传统美术鉴赏课上，学生往往因为枯燥的教学方式而失去了学习的兴趣。为了解决这一问题，云课堂设计了"阿诺百科"的卡通人物形象，以生动有趣的方式进行提问和解答，符合学生的心理特征与认知规律。动画的形式，能够强烈地吸引学生的注意力，增加学习的趣味性。例如，通过问答方式探讨山水画中人物的大小、南唐画院与后主李煜的关系，以及与绘画相关的成语故事等，都是激发学生学习兴趣的有效方式。

（2）精美与专业的视频制作

云课堂采用视频的形式呈现课程内容，图像清晰、动画精美、配音专业，让学生充分感受中国画的艺术魅力。这种形式不仅能够使学生对艺术作品有更直观的理解，还能够激发其审美情感，增加其对美术的兴趣和热爱。

（3）灵活便捷的学习平台

云课堂的应用平台简明易懂，无须专门培训，学生可以随时随地使用电脑、平板电脑或手机进行学习。这种便捷的学习方式不仅符合现代学生的学习习惯，还能够使学习过程更加轻松愉快。同时，人机互动的便捷性也为学生提供了更多自主学习和探索的机会。

（4）多样化的学习任务与互动

课程设计了开放性学习任务，通过驱动学生课后动手实践，启发其思维，促进其学习兴趣的提升。学生可以在课程中参与讨论、分享学习心得，并通过在线讨论区进行互动交流，极大地丰富了学习的形式和内容。同时，通过短小精悍的微课程，学生可以利用碎片化时间进行学习，更好地适应自己的学习节奏和习惯。

（5）生动有趣的测评练习

云课堂提供了以学生为本的测评练习，使学习过程充满趣味。通过生动有趣的测评题目和互动式的学习任务，学生能够在人机对话的过程中不断提升自己的学习兴趣，积极参与到学习中来。

2. 增强学科教学的综合性

（1）引入社会式鉴赏的通识教育

利用云课堂，可以引入社会式鉴赏的通识教育，打破学科之间的壁垒，使不同学科之间的知识有机地融合在一起。这种综合性的教学模式有助于学生深入理解美术与其他学科的内在联系，为学生将其他学科知识灵活运用到美术学习活动中提供了更广阔的视野。

（2）跨学科融合教学

在云课堂中，可以将语文、数学、历史、地理、科学等学科与美术进行有机

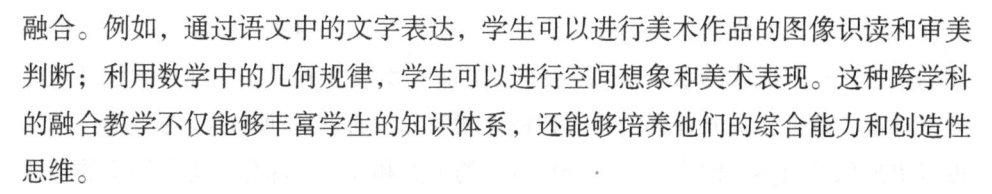

融合。例如，通过语文中的文字表达，学生可以进行美术作品的图像识读和审美判断；利用数学中的几何规律，学生可以进行空间想象和美术表现。这种跨学科的融合教学不仅能够丰富学生的知识体系，还能够培养他们的综合能力和创造性思维。

（3）数字化媒体的运用

通过数字化媒体再现中国古代的人文资源，可以让学生在视觉盛宴中感受中国古代名画的神奇与美好。通过这种方式，学生不仅可以了解到中国传统绘画的艺术魅力，还能够加深对博大的中华文明的认识。同时，利用虚拟数字化媒体还可以激发学生的想象力、观察力和创造力，培养其审美情趣、文化自信和家国情怀。

（4）系统梳理中国古代绘画艺术

云课堂以传世画作为脉络，系统梳理中国古代绘画艺术，对散落在世界各地的经典名画进行高清呈现。通过介绍这些画作背后的历史故事、人物经历、诗词歌赋、风土人情、政治变迁等，实现美术教学与其他学科的融合。这种综合性的教学模式不仅能够增强学生对美术作品的理解和欣赏，还能够拓展他们的知识面，促进其全面发展和成长。

综合性的教学模式在云课堂中的应用展现出了巨大的潜力和优势，为学生提供了更加丰富、多样的学习体验。通过引入社会式鉴赏的通识教育，进行跨学科融合教学，运用数字化媒体及系统梳理中国古代绘画艺术等措施，云课堂为美术教学提供了新的教学模式和路径，为学生的综合发展和成长提供了更好的支持和保障。

3. 转变学生的学习方式

美术学科与其他学科在教学活动上的区别显而易见，美术学科需要学生更加主动参与，发挥自己的主体性和自主性。在传统的教学模式下，学生往往处于被动接受知识的状态，而云课堂学习平台的出现为学生创设了更加开放的学习空间，打破了传统的灌输式教学方式。尽管美术专用教室、美术博物馆等特定的公共空间在美术学习中仍然不可或缺，但是在当今互联网时代，学生们都是"数字原住民"，因此需要引导他们学会数字化生存，充分利用选题优秀、制作精美的数字课程激发学生学习的兴趣和自主性，让他们更加关注美术，从而被吸引到学习美术的情境中来。

云课堂学习平台在课程形态、内容呈现方式、评价体系等方面实现了数字化管理，进行了大胆创新，激励学生主动参与学习活动，自主安排学习时间、进度和内容。这种开放式的学习模式不受时空限制，为学生提供了更加自由和灵活的学习环境，有助于提升他们的学习积极性和效率。通过互动式的学习氛围，学生可以更加积极地参与课堂讨论，分享自己的观点和经验，深化对美术知识的理解和掌握。

同时，云课堂的建设对于加强学校美育课程的建设也具有重要意义。作为一项重要的辅助手段，云课堂不仅延伸了学校美术教育的内涵，还拓宽了美育工作的路径，更周到地服务于广大师生。通过云课堂，可以缩小城乡差距和校际差距，让每个学生都有机会接受美育教育，促进了学校教育教学质量的提高。

综上所述，云课堂的引入为学生学习方式的转变提供了新的机遇和可能性。通过数字化的手段，学生可以更加自主地学习，更加主动地参与，从而提高学习效率和学习成果。同时，云课堂的建设也为学校美育课程的发展提供了有力的支持，促进了学校教育教学质量的提升。

第八章 高中美术教学评价与展望

第一节 美术教育评价体系建设

一、建立科学合理的美术教学评价体系

在建立美术教学评价体系时,需要考虑以下几个方面:

(一)确定评价体系的基本框架

建立美术教学评价体系时,首先要确定评价体系的基本框架,确保其具有科学性和全面性。这包括以下几个方面:

1. 评价目标的明确定位

评价体系的设计应该明确定位美术教学的核心目标,确保评价的针对性和有效性。在这一方面,需要考虑以下几个关键点:

(1)审美情趣的培养

美术教育的目标之一是培养学生的审美情趣。这不是简单地让学生欣赏艺术作品,而是要培养学生对美的感知能力、理解能力和表达能力。

感知能力:评价体系应该考虑学生对色彩、形状、纹理等美术元素的感知能力,以及对这些元素在艺术作品中的应用所产生的效果的理解能力。

理解能力:评价体系应该考虑学生对不同艺术风格、不同流派、不同时期的作品的理解能力,以及对艺术家创作意图的理解能力。

表达能力:评价体系应该考虑学生表达美学感受的能力,包括通过绘画、雕塑、摄影等形式表达个人审美情趣的能力。

审美情趣培养的目标需要与课程设置和教学要求相一致,通过各种教学活动和项目,逐步培养学生的审美能力。

(2)创造能力的发展

除了培养学生对美的感知和理解能力外,美术教育还应该注重学生创造能力

的发展。创造能力是指学生运用已有知识和技能,自主地进行想象、探索和创作的能力。在这一方面,应该考虑以下几个关键点:

创意思维。评价体系应该考虑学生的创意思维能力,即学生在面对问题或挑战时能够提出独特、新颖的解决方案的能力。

想象力。评价体系应该考虑学生的想象力发展程度,即学生能否在创作过程中大胆、自由地展现想象力,创造出独特的作品。

创作技巧。评价体系应该考虑学生的创作技巧和方法,包括对各种美术材料和工具的熟练运用,以及对构图、色彩、比例等美术基本原理的掌握程度。

创造能力发展的目标需要与课程设置和教学要求相一致,通过开展创意激发活动、提供自主探究的机会等方式,促进学生创造能力的发展。

（3）艺术表现水平

评价体系需要能够客观地评估学生的美术表现水平,包括学生在绘画、雕塑、设计等方面的表现能力。在这一方面,应该考虑以下几个关键点:

技术运用。评价体系应该考虑学生对美术技术的掌握程度,包括绘画技巧、雕塑技法、设计方法等方面的运用能力。

创意表现。评价体系应该考虑学生在作品中的创意表现能力,即学生能否通过作品表达自己的思想、情感和体验。

艺术效果。评价体系应该考虑学生作品的艺术效果,包括视觉效果、情感表达等方面的表现水平。

2. 评价内容的全面涵盖

评价体系应该覆盖美术教学的各个方面,包括课堂教学、作品创作、课外实践等。

（1）课堂教学表现

课堂教学是学生接受美术教育的重要环节,评价体系应该涵盖学生在课堂上的参与程度、学习态度、理解能力等方面的表现。

参与程度:评价学生是否积极参与课堂活动,包括课堂讨论、练习活动、实践操作等,以及参与课堂活动的频率和深度。

学习态度:评价学生在课堂上的学习态度,包括是否认真听讲、遵守纪律、尊重他人等方面,以及是否具有合作精神和团队意识。

理解能力:评价学生对教师授课内容的理解程度,包括对美术理论知识的掌握情况、对艺术作品的理解能力等方面。

通过评价学生在课堂上的表现，可以了解他们的学习态度和学习效果，为教学提供有效的反馈和指导。

（2）作品质量

作品创作是美术教学的核心内容之一，评价体系应该涵盖学生的作品质量，包括技术运用、创意表现、构图设计等方面。

技术运用：评价学生在绘画、雕塑、设计等方面的技术运用情况，包括线条运用、色彩搭配、材料选用等方面的技术能力。

创意表现：评价学生在作品中表现出的创意水平，包括在想象力、独特性、创新性等方面的表现能力。

构图设计：评价学生作品的构图设计是否合理、美观，是否能够达到艺术表现的效果。

通过评价学生作品的质量，可以了解他们的艺术水平和创作能力，为其提供进一步的指导和鼓励。

（3）课外实践成果

课外实践是美术教育的延伸和拓展，评价体系应该涵盖学生参与课外美术活动的成果。具体而言，可以考虑以下几个关键点：

参加比赛。评价学生参加美术比赛的成绩和表现，包括获奖情况、作品质量等方面。

参加展览。评价学生参加美术展览的作品质量和展示效果，包括作品选择、展示布局等方面。

社区服务。评价学生参与社区美术活动的表现，包括服务内容、服务对象、服务效果等方面。

3. 评价方法的多样化

评价体系应该综合运用多种评价方法，既包括定性评价，也包括定量评价，以确保评价结果的客观性和准确性。在这一方面，需要考虑以下几个关键点：

（1）作品评定

作品评定是一种重要的评价方法，通过对学生作品的评定来评价其质量和水平。具体而言，可以采用以下几种方式：

专家评审。邀请专业美术教师或艺术家对学生作品进行评审，根据其艺术价值、技术水平等方面进行评定，从而获得客观的评价结果。

同学评议。组织同学对彼此的作品进行评议，通过集体讨论和投票等方式，评选出优秀作品，并提供改进建议和意见。

通过作品评定，可以直观地了解学生的创作能力和艺术水平，为其提供进一步的指导和鼓励。

（2）考试测验

考试测验是一种常用的评价方法，可以结合传统的笔试和现代的计算机辅助测试等方式，对学生的美术理论知识和技能水平进行评价。

笔试：设置选择题、填空题、简答题等形式的考试题目，考查学生对美术理论知识的掌握程度和理解能力。

计算机辅助测试：利用计算机软件或在线平台设置美术知识和技能方面的测试题目，通过多媒体方式呈现，增加评价的趣味性和灵活性。

通过考试测验，可以客观地评价学生的学习成绩和知识水平，为教学提供量化的数据支持。

（3）学生自评与互评

学生自评与互评是一种重要的评价方法，可以促进学生的自主学习和合作学习。

自我评价：鼓励学生对自己的作品进行评价，反思自己的创作过程和成果，发现不足之处并提出改进意见。

同学互评：组织学生之间相互评价彼此的作品，通过互相交流和讨论，发现作品的优缺点，并提供建设性的改进意见。

通过自评与互评，可以培养学生的批判性思维和合作精神，促进全面发展。

（4）教师评价

教师评价是评价体系中不可或缺的一部分，教师可以通过日常观察、作业批改、课堂表现等方面对学生进行评价。

日常观察：教师通过观察学生在课堂上的表现，包括参与程度、学习态度、理解能力等方面，了解学生的学习情况。

作业批改：教师对学生的作业进行批改，给予具体的评价和建议，帮助学生改进作品质量，提高技术水平。

课堂表现：教师根据学生在课堂上的表现情况，包括发言、提问、展示作品等方面，对学生进行评价和反馈。

4. 评价指标的具体明确

评价体系中的评价指标应该具体明确，便于教师、学生理解和进行评价。在这一方面，需要考虑以下几个关键点：

（1）审美品位

审美品位是评价学生的审美水平和艺术鉴赏能力的重要指标。具体而言，可以考虑以下几个关键点：

艺术作品理解。评价学生对各种艺术形式和风格的作品的理解程度，包括绘画、雕塑、摄影等方面的作品。

审美情感表达。评价学生对艺术作品所表达的情感和思想的理解和感受，包括对色彩、形状、线条等元素所产生的情感反应。

艺术作品评价。评价学生对艺术作品的评价能力，包括对作品的美学价值、创意性、表现力等方面的评价。

审美品位的评价可以通过学生对经典艺术作品的解读、对当代艺术作品的评价等方式进行。评价指标应该具体明确。

（2）创作技巧

创作技巧是评价学生的创作能力和表现能力的重要指标。具体而言，可以考虑以下几个关键点：

绘画技巧。评价学生在绘画方面的技巧运用能力，包括线条运用、色彩运用、明暗处理等方面的水平。

雕塑技法。评价学生在雕塑方面的技巧运用能力，包括造型能力、材料运用、空间感表现等方面的水平。

设计能力。评价学生在设计方面的创意表现能力，包括构图设计、版面设计、视觉传达等方面的创作技巧。

创作技巧的评价可以通过学生的作品集、创作过程记录、创作作品展示等内容进行。评价指标应该具体明确。

（3）艺术理论理解

艺术理论理解是评价学生对美术理论知识的掌握程度的重要指标。具体而言，可以考虑以下几个关键点：

色彩理论。评价学生对色彩基本原理、色彩搭配、色彩心理学等方面的理解程度。

构图原理。评价学生对构图基本原理、构图技巧、视觉效果等方面的理解能力。

艺术史知识。评价学生对不同时期、不同流派的艺术发展历程，以及不同艺术家所处的社会背景及其艺术风格等艺术史知识的掌握程度。

艺术理论理解的评价指标应该具体明确，可以通过考试测验、作品解读、理论讲解等方式进行。评价指标应该具体明确。

（二）多元化评价方法的融合

为了确保评价的全面客观，需要结合传统的定性评价和现代的定量评价方法，探索多元化的评价手段。具体包括以下几个方面：

1. 作品展览评定

作品展览评定是一种重要的评价方法，通过专家评审或公众投票等方式评定学生作品的质量和水平。在此方面，需要考虑以下几个关键点：

组织作品展览。学校可以定期组织学生作品展览，展示学生的创作成果，邀请专家、教师、学生及家长共同参与。

评审专家的选择。评审专家应该具有丰富的美术教育和评价经验，能够客观公正地评价学生的作品。

评审标准的制定。评审标准应该具体明确，包括技术运用、创意表现、艺术效果等方面的评价指标，以确保评价的公正性和准确性。

公众投票。除了专家评审外，学生作品展览也可以开放给公众进行投票，以多元化的方式评定学生作品的质量和水平。

通过作品展览评定，可以充分展示学生的创作能力和艺术水平，同时为学生提供展示自我、交流互动的平台。

2. 学生自评与互评

学生自评与互评是促进学生自主学习和交流合作的重要方式。在此方面，需要考虑以下几个关键点：

自评反思。鼓励学生对自己的作品进行评价和反思，使他们发现自己作品的优缺点，形成自我改进的意识。

互评交流。组织学生进行同学间的互评，可以让学生从不同的角度了解自己作品的优缺点，促进彼此之间的学习和交流。

明确评价标准。在进行自评和互评时，需要明确评价标准，以便学生能够有针对性地进行评价和反思。

通过自评与互评，可以培养学生的自我认知能力和合作精神，促进全面发展。

3. 教师评价

教师评价是评价体系中的重要组成部分，教师可以通过日常观察、作业批改、课堂表现等方面对学生进行评价。在此方面，需要考虑以下几个关键点：

综合评价。教师应当综合考虑学生的课堂表现、作业完成情况、课堂参与程度等方面，对学生进行全面评价。

及时反馈。教师评价应该及时反馈给学生，帮助他们及时发现问题、改进提高。

个性化指导。教师评价应该针对学生的个性特点和学习需求，提供个性化的指导和支持。

通过教师评价，可以及时了解学生的学习情况和进展，为他们的学习提供有效的指导和帮助。

4. 考试测验

考试测验是传统的评价方式，可以对学生的美术理论知识和技能水平进行评价。在此方面，需要考虑以下几个关键点：

试题设计。试题应该涵盖课程要求的内容，既考查学生的记忆和理解能力，也考察其分析和应用能力。

考试形式。可以采用笔试、口试、实践操作等形式，全面评价学生的美术能力。

评分标准。评分标准应该具体明确，确保评分的公正和准确。

通过考试测验，可以客观地评价学生的美术理论知识掌握情况和技能水平，为教学提供参考依据。

5. 实践活动评价

实践活动评价是对学生参与美术实践活动的表现进行评价，可以评价其实践能力和艺术创造力。在此方面，需要考虑以下几个关键点：

实践项目设计。设计具有一定挑战性和创新性的实践项目，能够充分调动学生的积极性和创造力。

实践成果评价。评价学生参与实践活动的成果，包括作品质量、表现水平、创意程度等方面。

实践过程评价。评价学生在实践过程中的表现，包括参与程度、团队合作能力、问题解决能力等方面。

（三）持续优化与调整

评价体系应具有动态性，需要不断地优化和调整，以适应教学实践和学科发展的需要。具体包括以下几个方面：

1. 教学实践反馈

教学实践反馈是持续优化评价体系的重要途径之一。可以通过以下几个步骤来进行：

（1）及时收集和分析评价结果

教师应该及时收集和整理评价数据，包括学生作品、表现记录、评价反馈等，然后对数据进行分析和总结，发现问题和不足之处。

（2）教师研讨会和评课活动

学校可以定期组织教师研讨会和评课活动，教师可以分享评价体系的实践经验和反思，共同探讨如何改进和完善评价体系。

（3）持续改进和完善

根据教学实践反馈和研讨会的成果，及时调整评价指标、方法和标准，持续改进和完善评价体系，以提高评价的准确性和有效性。

通过教学实践反馈，可以不断地优化评价体系，提高其适用性和科学性。

2. 学科发展需求

随着美术教育理念和方法的不断更新，评价体系也需要相应调整，以适应新的教学要求和学科发展趋势。可以采取以下措施：

（1）跟踪学科发展趋势

教育机构和专业组织应该密切关注美术教育领域的最新发展动态，了解新的教学理念、教学方法和教学要求。

（2）调整评价指标和标准

根据学科发展的需要，评价体系应该及时调整评价指标和标准，确保其与最新的教学要求和学科标准相一致。

（3）开展专题研究和课题探索

学校和教育机构可以开展专题研究和课题探索，探讨美术教育领域的新理念和新方法，为评价体系的调整和优化提供理论支持和实践经验。

通过与学科发展趋势的密切结合，评价体系可以及时调整和优化，与时俱进。

3. 学生反馈参与

学生反馈参与是持续优化评价体系的重要保障之一。可以采取以下几个措施：

（1）建立学生参与机制

学校可以建立学生参与评价体系的机制，包括学生代表、学生评价小组等，促进学生积极参与评价体系的建设和完善。

（2）听取学生意见和建议

学校应该定期收集学生的意见和建议，了解他们对评价体系的看法和需求，从而更好地满足他们的学习需求和发展需求。

（3）鼓励学生反思和自我评价

教师可以鼓励学生进行反思和自我评价，帮助他们认识到自己的学习状态和不足之处，从而更好地调整和改进学习策略。

二、适合高中美术教育的评价方法

（一）评价方法的多样性

1. 项目作品评价

项目作品评价是一种有效的评价方法，能够全面了解学生在创造、认知、情感和文化等方面的发展。通过评价学生创作的具体作品，教育者可以深入了解他们的创造能力、技巧运用及情感表达能力。这种评价方法可以结合定量指标和定性分析，提供更全面的评估结果。

在项目作品评价中，定量指标可以包括作品的技术难度、创新性、表现水平等方面。教师可以根据作品的细节、表现手法和运用的艺术元素来评分。同时，也可以结合学生的创作记录和反思，了解他们在创作过程中的思考和决策，更深入地评价其创作思维和创新能力。

定性分析在项目作品评价中同样重要。教师可以通过对作品的创意思维、情感表达、文化内涵等方面的分析，了解学生的综合素养发展情况。例如，在评价一幅绘画作品时，教师可以探讨作品所传达的情感信息，以及学生在创作中是否融入了文化元素。这样的分析可以帮助教师更加准确地评估学生的综合能力和艺术表现。

2. 综合性任务评价

综合性任务评价是将多种素养要求融合到一个任务中，评价学生在多个方面的综合能力。这种评价方法能够更好地体现学生综合素养的发展。例如，教师可以提供一个文化题材，要求学生既创作作品，又撰写论文，从而考察其创造、认知、情感和文化素养。

在综合性任务评价中，教师可以设计一个具体的任务要求，涵盖不同方面的素养。学生需要通过创作作品表达自己的想法和情感，同时在论文中进行深入的论证和分析。例如，以某个历史事件为主题，要求学生创作与之相关的作品，并在论文中解释作品的文化内涵、历史背景等。这样的综合性任务评价不仅能够展现学生的综合素养，还能够培养他们的综合分析和创作能力。

3. 情感体验反馈

情感体验反馈是一种注重学生情感体验和表达的评价方法。在核心素养视域下，情感素养的培养同样重要，因此评价方法也需要关注学生对作品情感内涵的理解和体验。在作品欣赏和解读过程中，教师可以引导学生表达他们在观看作品时产生的情感和联想。

一种常见的情感体验反馈方式是采用情感调查问卷。学生可以根据自己的情感体验，在问卷中选择适当的情感词汇，描述他们对作品的情感感受。问卷结果可以帮助教师了解学生在作品欣赏过程中的情感体验，更好地评价其情感素养发展情况。

此外，情感导入的讨论也是一种有效的情感体验反馈方法。教师可以通过影像、音乐等方式在课堂上引导学生进入特定的情感氛围，然后提出一些引导性问题，让学生表达他们在观看作品时产生的情感和联想。这样的讨论能够提升学生的情感表达能力，促进他们对作品情感内涵的理解。

4. 跨学科项目评价

跨学科项目评价是将美术教育与其他学科知识相结合，评价学生的综合性思维和能力。在核心素养视域下，培养学生的文化素养和综合分析能力同样重要，跨学科项目评价能够更好地实现这一目标。例如，将美术作品与历史、科学等学科相结合，评价学生的文化素养和综合分析能力。

在跨学科项目评价中，教师可以设计一个综合性任务，要求学生将美术作品与其他学科的知识进行结合。例如，选择一个历史事件，要求学生创作作品并撰写论文，分析作品与历史事件之间的联系。这种评价方法能够考察学生在多个领域的综合能力，同时也能够培养他们的综合分析能力和跨学科思维。

（二）学生参与的自评与同伴评价方法

1. 自评与反思日志

（1）自评的重要性与目的

自评与反思日志是一种有效的学生参与评价方法，强调学生在学习过程中对自身表现进行自我评价和深入反思。这种方法具有重要的教育意义，旨在培养学生的自我认知能力、批判性思维和持续反思习惯。自评不仅是一种评价工具，更是一种促进学生自主学习和成长的教育策略。

自评的目的在于帮助学生更好地了解自己的学习情况，发现自身的优势和不足，制定改进计划，从而实现持续的自我提升。通过反思自己的学习过程和作品创作，学生可以深入思考自己在创造性、认知水平、情感表达等各个素养方面的成长和变化。

（2）自评与反思的操作步骤

①设定评价标准和目标

在每个学习阶段开始时，教师可以与学生一起制定明确的评价标准和目标。这些标准和目标应该涵盖核心素养的不同方面，如创造、认知、情感等。

②定期自我评价

学生在每个学习阶段末尾，根据设定的评价标准，对自己的表现进行自我评价。他们可以针对每个标准，评估自己的表现，并提供具体的例子来支持评价。

③撰写反思日志

学生将自我评价的结果整理成反思日志。在日志中，他们可以回顾自己创作的作品，分析自己在创造性、技巧应用、情感体验等方面的成长和进步。同时，也可以反思遇到的挑战和困难，以及克服这些困难的方法和策略。

④设定改进计划

在反思日志中，学生应该制定具体的改进计划，明确自己在下一阶段的学习目标和行动步骤。这有助于学生在不断反思和改进中实现艺术素养的提升。

2. 同伴评价及小组讨论

（1）同伴评价的价值与意义

同伴评价是一种富有教育价值的评价方法，强调学生之间的互动和交流，以促进对作品的深入分析和评价。通过让学生相互评价彼此的作品，不仅能够培养学生的分析能力和批判性思维，还能够增强他们的合作能力，促进学习社群的形成。

同伴评价在高中美术教学中具有多方面的意义。首先，它可以让学生从同伴的角度获得反馈，帮助他们更全面地认识自己作品的优势和不足。其次，通过对其他同学作品的评价，学生能够接触到不同的创作思路和风格，拓宽自己的艺术视野。此外，同伴评价也有助于培养学生的合作精神和表达能力，为未来的团队合作和社交打下基础。

（2）同伴评价及小组讨论的操作步骤

①组建小组

教育者在课程开始时，根据学生的兴趣、特长和互补性，将学生分成小组。小组成员可以是具有不同创作风格和技巧的学生，这样能够从不同角度进行评价和反馈。

②展示作品

在小组评价的第一阶段，学生轮流展示自己的作品。展示时，学生可以分享作品的主题、创作灵感、所用材料，以及自己想要表达的情感或思想，这有助于让同伴对作品有更深入的了解。

③同伴评价

展示结束后，其他小组成员对展示的作品进行评价，提出建议和反馈。评价应具体而有建设性，可以围绕作品的构图、色彩运用、表现技巧、主题传达等方面展开。同伴评价的重点是在尊重和友好的氛围中提供有益的反馈，鼓励学生思考改进的方法。

④讨论交流

在同伴评价的过程中，教师可以引导学生展开讨论和交流。学生可以就提出的评价进行进一步的探讨，分享自己的观点和理解，甚至针对某些建议提出问题。这样的交流有助于丰富评价的内容，同时也能够让学生从多个角度审视作品。

⑤总结和反思

学生在听取同伴评价后，可以总结自己从中获得的启发。学生可以思考哪些评价和建议是可以运用于作品改进的，也可以思考自己在创作中是否有其他缺点和不足。这个阶段强调学生的自我反思和判断能力，以及对同伴意见的积极接受和运用。

3. 展示与评论会

（1）展示与评论会的意义与目的

展示与评论会是一种集中展示学生作品并鼓励评价和讨论的教学方法。在高中美术教学中，举办展示与评论会有着重要的意义。首先，它为学生提供了一个公开的平台，让他们可以展示自己的创作成果，增强自信心和体现自我价值。其次，通过接受同伴和教师的评价和提问，学生能够更深入地理解自己作品的内涵和创作意图，提升对作品的解读能力。最后，展示与评论会有助于促进学生之间的交流和合作，形成积极的学习氛围。

（2）展示与评论会的操作步骤

①作品准备

在展示与评论会之前，学生需要认真准备自己的作品，包括选择合适的作品进行展示，确保作品的完成度和质量。学生还需要对作品进行深入思考，为作品的解读做好准备，以便在展示时能够清楚地传达作品的创作灵感、技术应用和情感表达。

②展示环节

在展示与评论会上，学生依次介绍自己的作品。他们可以从作品的主题出发，介绍创作的初衷和目的，也可以分享自己在创作过程中遇到的挑战和克服的困难，以及如何运用不同的艺术元素和技法表达自己的想法。

③评论和提问

展示结束后，同伴和教师可以对每个作品进行评论和提问，评论的内容可以涵盖作品的构图、色彩运用、表现技巧、情感表达等方面。这些评论应该具体而有建设性，能够帮助作者更好地理解自己作品的优点和不足之处。

提问环节是引导性的，旨在激发学生更深层次的思考。同伴和教师可以针对作品的主题、意义、传达的情感等方面提出问题，让作者对自己的作品进行更深入的解释和阐述。

④学生交流

在评论和提问的基础上，学生之间可以进行交流和讨论。这是一个互动的环节，学生可以分享自己对其他作品的看法和观点，也可以对同伴的评论提出异议或进一步的观点。这种交流能够丰富讨论的内容，促进学生从不同角度审视作品。

⑤总结和反思

每位学生在展示和评论会结束后，可以总结自己从评论会中获得的收获和启发，可以反思自己的作品在展示和评论过程中所引发的讨论和观点，思考如何运用这些建议来进一步改进自己的作品。同时，学生也应该关注自己在展示过程中的表现，思考如何提升自己的表达能力和对作品的解读能力。

4. 合作创作与评价

（1）合作创作与评价的重要性与目的

在高中美术教学中，合作能力是培养学生综合素养的重要方面。合作创作与评价作为一种教学方法，强调学生在团队中协同工作、共同创作作品，并在完成后相互评价。此方法旨在培养学生的团队合作能力、沟通协调能力及批判性思维，使他们在未来的学习和职业生涯中能够更好地适应多人合作的环境。

（2）合作创作与评价的操作步骤

①团队组建

教师在合作创作与评价的过程中，首先需要根据学生的兴趣、能力和专长将他们分成小组。团队的成员应当具有多样性，包括拥有不同的学科知识背景、创作风格和思维方式，以促进跨学科的合作和创新。在团队组建时，教师可以根据学生的个人情况进行合理的分组，确保每个团队的成员能够互补并有足够的能力共同完成创作任务。

②创作主题和分工

在团队组建后，团队成员需要共同确定创作的主题。主题应当能够激发学生的创作灵感，同时也要与核心素养视域下的目标相契合。在确定主题的过程中，团队成员可以进行头脑风暴，收集不同的创作想法，并进行投票或协商，最终确定创作主题。

随后，团队成员需要进行任务分工，明确每位成员在创作过程中的具体责任和任务。分工应当根据成员的特长和兴趣进行，确保每个人都能够充分发挥自己的优势并为团队作品作出贡献。

③合作创作

在确定了创作主题和分工后，团队成员开始进行合作创作。这个阶段需要团队成员之间的密切合作，协商决定创作方向、技术应用、表现手法等。团队成员需要相互交流、倾听彼此的意见，并在创作过程中不断进行反馈和调整。

合作创作的过程中，教师可以充当指导者的角色，提供必要的支持和指导，帮助团队克服创作中的难题和困难。同时，也要鼓励学生自主决策和创新，以便他们能够真正体验到合作创作的挑战和乐趣。

④作品完成

团队完成作品后，需要进行整体的审查和调整。团队成员应当共同评估作品是否达到了预期的效果和目标，是否符合核心素养视域下的要求。如有需要，团队可以对作品进行微调和改进，确保作品的整体质量和表现水平。

⑤同伴评价

以作品完成后，团队成员进行同伴评价，每位成员可以对其他团队成员的贡献和表现进行评价。评价可以包括创意的独特性、合作态度、在创作中的技术应用等方面。评价应当具体而有建设性，帮助团队成员更好地了解自己的优势和不足之处。

⑥反馈和改进

基于同伴的评价和反馈，团队成员需要进行自我反思。他们可以思考自己在合作创作过程中的角色和贡献，以及自己的创作技巧和团队协作能力。如果有必要，团队成员可以根据反馈进行改进，进一步提升作品的质量和表现力。

通过以上的操作步骤，合作创作与评价能够为学生提供协同合作的机会，培养他们的团队合作能力、创新思维和沟通协调能力。同时，也能够帮助学生更深入地理解核心素养视域下的艺术教育目标，并将这些目标融入到实际创作中。

第二节　美术教学现状与未来发展趋势

一、当前高中美术教学存在的问题与挑战

（一）课程内容的单一性

1. 过度强调技法传授

（1）问题描述

在某些高中美术教学中，存在着过度强调技法传授的问题。教学过程中，教师往往将大部分时间用于传授各种绘画技巧和规则，忽视了对学生创意和思维能力的培养。

（2）影响与挑战

过度强调技法传授会导致学生的创作方式过于机械化和缺乏个性化，他们可能会过分依赖老师提供的模板和技巧，缺乏对艺术创作背后理念和表达方式的深入理解。在这种情况下，学生的作品会缺乏独特性和深度，难以体现出个体的艺术特点和表达风格。

（3）建议与反思

针对这一问题，教师需要在教学中平衡技法传授与创意培养。除了传授技法，还应该鼓励学生进行艺术思考和创作实践，引导他们发挥想象力和创造力，培养其独立思考和创作能力。

2. 缺乏创意和思维能力

（1）问题描述

过度侧重技法传授，会缺乏对学生创意和思维能力的培养，使他们的艺术创作缺乏深度和内涵，只是简单的复制和模仿。

（2）影响与挑战

缺乏创意和思维能力会影响学生的艺术创作质量和表现力。他们可能只是机械地模仿老师或他人的作品，缺乏个性化和独特性，无法在作品中展现出深层次的思想和情感。学生在艺术创作中缺乏独立思考和创意表达能力，会导致作品缺乏新颖性和深度。他们可能无法从艺术作品中找到灵感，也难以通过作品表达自己的情感和观点。

（3）建议与反思

教师应该引导学生积极思考艺术作品背后的意义和情感，鼓励他们进行自由的创作实践，培养其独立思考和创意表达能力。此外，可以通过开展创意活动、组织讨论和分享会等方式，激发学生的创作灵感和想象力。

（二）教学资源的匮乏

1. 美术教室设施简陋

（1）问题描述

部分学校的美术教室设施简陋，无法提供良好的艺术创作环境，缺乏艺术品展示区、创作区域和艺术实践设备，学生在这样的环境中难以进行有效的艺术实践和创作。

（2）影响与挑战

简陋的美术教室设施限制了学生的艺术发展空间，影响了他们的艺术创作水平和表现能力。缺乏艺术品展示区限制了学生欣赏优秀作品的机会，而缺乏创作区域和艺术实践设备则阻碍了学生的艺术实践和创作活动。

（3）建议与反思

学校和教育部门应该重视美术教室设施建设，提升美术教学环境的质量和舒适度。建议学校增加艺术品展示区，为学生提供观摩优秀作品的机会；应该扩建创作区域，配备艺术实践设备，为学生提供更广阔的创作空间和条件。

2. 师资力量不足

（1）问题描述

一些学校的美术教师数量不足，而且教学经验和专业水平参差不齐。由于师资力量的不足，学校难以为学生提供高质量的美术教育资源和有效的指导。

（2）影响与挑战

师资力量不足会影响学生的美术学习效果和艺术发展。教师数量不足可能导致班级人数过多，教学质量难以保障；教师的教学经验和专业水平参差不齐则可能导致学生接受的教育质量不一致，无法满足学生个性化学习需求。

（3）建议与反思

学校应该加强对美术教师的培训和进修，提升其教学水平和专业素养。同时，学校可以增加美术教师的招聘数量，确保每个班级都能有足够数量和优质的教师资源支持，为学生提供更好的美术教育服务。

（三）评价体系不健全

1. 过度功利化的评价方式

（1）问题描述

当前的美术教育评价体系过于功利化，过分注重考试成绩而忽视了学生综合素养的提升。传统的考试评价方式往往只能评价学生的理论知识掌握和技术运用水平，难以全面反映学生的艺术修养和艺术表达能力。这种评价方式对学生的创造力、审美情趣和综合素养等方面的评价相对滞后，不能全面展现学生在美术领域的潜力和发展水平。

（2）影响与挑战

过度功利化的评价方式可能导致学生在美术学习中只注重技巧和应试，而忽视对艺术修养和创造力的培养。学生可能更关注如何应付考试，而忽略对艺术的热爱和理解。这种评价方式容易造成学生的学习动力不足，影响其在美术领域的个人发展和成长。

2. 缺乏综合评价的机制

（1）问题描述

现行的美术教育评价体系缺乏综合评价的机制，无法全面地评价学生的艺术水平和学习成果。传统的考试评价方式往往只能评价学生的理论知识和技术水平，而忽视学生的创作能力、表现力和创新能力。这种评价方式的局限性使学生在美术教育中的全面发展受到限制,无法得到有效的指导和支持。

(2)影响与挑战

缺乏综合评价的机制可能导致学生的艺术发展受限,无法充分展现其潜力和特长。学生可能在某些方面有突出的表现,但由于评价体系的局限性而无法得到充分肯定和支持,影响其在美术领域的发展。

二、未来高中美术教学的发展趋势与方向

(一)注重创新与思维发展

1. 培养学生创新精神

(1)传授艺术技法和理论知识

高中美术教学将继续传授艺术技法和理论知识,但不再局限于传统的教学模式。教师将注重启发学生的创造力,通过引导他们探索各种艺术题材和表现方式,激发其对艺术创作的兴趣和热情。

(2)开展创意作品设计

教师将组织学生参与创意作品设计活动,鼓励他们挑战传统的艺术观念,尝试新颖的创意表达方式。这种活动将为学生提供展示自己想法和想象力的平台,培养其独立思考和创造性解决问题的能力。

(3)艺术项目实践

未来的高中美术教学将更加注重实践性教学,通过艺术项目实践培养学生的动手能力。学生将有机会参与真实的艺术项目,如社区美化、公共艺术装置等,加深对艺术实践的理解和体验。

2. 强化批判性思维

(1)审视和分析艺术作品

教师将引导学生审视和分析各种艺术作品,包括绘画、雕塑、摄影等,探究其背后的文化、历史和社会背景。通过分析艺术作品的形式、内容和意义,培养学生对艺术的理性思考和深入理解的能力。

(2)批判性讨论和辩论

教师将组织学生进行批判性讨论和辩论,探讨艺术作品的多重解读和评价标准。通过对不同观点和立场的讨论,提升学生批判性思维和逻辑思维能力,培养其对艺术现象的客观分析和评价能力。

（3）写作与表达

学生将通过写作等形式，对艺术作品进行批判性分析和评论，提升自己的文学素养和表达能力。通过文字表达，学生能够深化对艺术作品的理解和感悟，同时提升自己的表达能力和文化素养。

（二）强化实践与社会参与

1. 发展实践领域

（1）互联网资源的利用

未来高中美术教学将充分利用互联网资源，拓展美术教育的实践领域。学生可以通过在线平台获取各种艺术教学资源和学习材料，参与网络艺术课程、线上作品展览等活动，拓宽自己的艺术视野，增强自己的实践经验。

（2）参与社区艺术项目

学校将鼓励学生参与社区艺术项目，如社区美化、城市雕塑、文化墙绘等，通过组织参与社区建设，将美术创作与社会实践相结合，培养学生的社会责任感和公共服务意识。

2. 加强与社会的交流与合作

（1）校园艺术展览

学校将定期组织校园艺术展览，展示学生的艺术创作成果。通过展览活动，学生可以与校外观众交流互动，展示自己的艺术才华，增强自信心和表达能力。

（2）艺术家讲座和工作坊

学校将邀请艺术家、美术教育专家等来校举办讲座和工作坊，与学生分享艺术经验和创作技巧。通过与专业人士的互动，学生将获得更深入的艺术启发和指导，拓宽自己的艺术视野和思维方式。

（3）文化交流活动

学校将积极组织文化交流活动，如校际艺术交流、学校文化节等，与其他学校和社会机构开展合作交流。通过与其他学校和机构的合作交流，学生将了解不同文化背景下的艺术表现形式和创作理念，丰富自己的艺术体验和认知。

（三）推进技术与艺术融合

未来高中美术教学将推进技术与艺术的融合。学校将引入数字艺术、虚拟现实等新媒体技术，开设数字艺术创作课程，培养学生运用多媒体技术进行创作和表现的能力。通过组织参与数字艺术展示、虚拟现实项目等活动，拓展学生的创作空间，激发其创作潜能。

1. 引入新媒体技术

（1）数字艺术与虚拟现实技术

学校将积极引入数字艺术和虚拟现实技术，如数字绘画软件、三维建模工具、虚拟现实设备等。这些新媒体技术将为学生提供更广阔的创作空间和表现形式，拓展美术教育的边界。

（2）数字艺术设备和资源支持

学校将配备先进的数字艺术设备和软件资源，为学生提供数字创作的基础设施和资源支持。这些设备和资源包括绘图板、数字笔、绘画软件、计算机等，以及与数字艺术相关的教学资料和案例。

2. 开设数字艺术创作课程

（1）课程内容设置

数字艺术创作课程将涵盖数字绘画、三维建模、动画制作等方面的内容。课程设置将根据学生的年级和学习需求进行调整和优化，确保课程内容的系统性和实用性。

（2）教学方法和技巧

教师将采用多种教学方法，如理论讲授、实践演示、案例分析等，帮助学生掌握数字艺术创作的基本原理和操作技能。课程还将注重培养学生的创新意识和团队合作精神，引导他们进行多样化的创作实践。

3. 参与数字艺术展示

（1）展示平台和机会

学校将组织学生参与数字艺术展示和比赛活动，为他们提供展示作品的平台和机会。这些展示活动包括校内展览、学生艺术节、地区比赛等，为学生作品展示提供更多选择。

（2）交流互动与提升能力

通过参与展示活动，学生可以与其他学生交流互动，分享创作经验和技巧，增强艺术交流和表现能力。这种交流互动不仅可以拓展学生的人际关系网络，还可以提升他们的自信心和创作激情。

4. 虚拟现实项目实践

（1）项目实践机会

学校将组织学生参与虚拟现实项目实践，如虚拟展览、虚拟艺术空间设计等活动。这些项目实践将为学生提供参与虚拟艺术创作和表现的机会，拓展其创作空间和想象力。

（2）创作空间和想象力

通过参与虚拟现实项目实践，学生可以体验虚拟艺术空间的创作和表现方式，拓展自己的创作空间和想象力。这种实践经验不仅可以丰富学生的艺术体验，还可以激发其创造潜能，培养其创新意识和实践能力。

（四）构建完善的评价体系

未来高中美术教学将建立多元化、综合化的美术教育评价体系。评价体系将注重对学生综合能力和个性发展的全面评价，包括艺术作品创作能力、审美鉴赏能力、批判性思维能力等方面。

1. 引入多元化评价方法

（1）作品评定与实践表现评价

评价体系将引入作品评定和实践表现评价，通过评审学生的艺术作品质量和实践活动表现，全面了解其创作能力和实践能力。作品评定可以通过专家评审或同学互评的方式进行，而实践表现评价则可以考查学生在课外实践活动中的表现和成果。

（2）项目报告评价

除了作品评定和实践表现评价外，评价体系还将引入项目报告评价。学生可以通过撰写项目报告展示自己对艺术项目的理解和分析能力，以及对创作过程的反思和总结。评价者可以从学生的报告中了解其对艺术作品和艺术过程的思考和理解，全面评价学生的学习成果和艺术水平。

2. 注重学生个性发展

（1）个性化创作指导

评价体系将注重对学生个性发展的评价，教师将提供个性化的创作指导和支持。针对学生的不同兴趣、风格和水平，教师将灵活调整教学内容和方法，引导学生发挥个性特点，培养其独特的艺术表达能力。

（2）激发创新潜能

评价体系将通过充分肯定学生的个性表达和创新潜能，激发其创造性思维和创新意识。教师将鼓励学生尝试不同的创作方式和表现形式，帮助他们发现和发展自己的艺术特长和风格，实现个性化的艺术发展。

3. 全面评价综合能力

（1）综合评价标准的制定

评价体系将制定综合评价标准，明确评价指标和评价方法，确保评价的客观

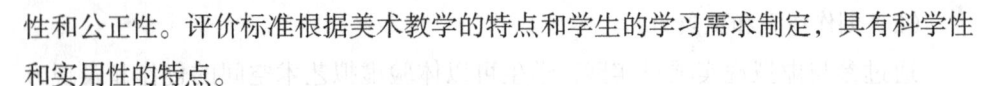

性和公正性。评价标准根据美术教学的特点和学生的学习需求制定，具有科学性和实用性的特点。

（2）审美、技术、表现和理论能力评价

评价体系将全面评价学生的审美、技术、表现和理论能力。通过制定合理的综合性评价指标，对学生的艺术水平和学习态度进行客观评价，帮助学生全面发展，实现个人潜能。评价指标将包括对学生审美品位、技术运用、表现能力和理论知识掌握水平等方面的评价。

4. 建立有效的反馈机制

（1）学生和家长反馈

评价体系将建立有效的学生和家长反馈机制，及时向学生和家长反馈评价结果。学校将组织家长会或单独谈话，向家长介绍学生的评价情况，并就学生的学习情况与家长进行沟通和交流。

（2）教师评价培训和指导

评价体系还将为教师提供专业化的评价培训和指导，提高教师评价能力和水平。学校将组织教师参加评价培训课程和研讨会，分享评价经验和教学方法，提升教师的评价水平和专业素养。

第三节 总结与展望

一、总结研究成果与发现

通过对当前高中美术教学的调查和分析，笔者发现了几个显著的问题和不足之处。首先，课程设置存在单一性，即过度偏向于技法传授而忽视了对学生创意和思维能力的培养。这种单一性的课程设计导致学生在艺术学习过程中缺乏灵感的激发和独立思考的机会，限制了他们的创作空间和想象力的发展。其次，教学资源的匮乏成为制约高中美术教育质量提升的重要因素，其中包括美术教室设施简陋和师资力量不足。这些问题使学校难以为学生提供良好的艺术创作环境和有效的教学指导，影响了学生的学习积极性和艺术水平的提高。最后，评价体系的不健全也是当前高中美术教育面临的挑战之一。现行的评价体系过于功利化，过分关注考试成绩而忽视了对学生综合素养的培养，难以全面反映学生的艺术修养和能力。这种评价方式限制了学生在艺术学习中的自由发展和个性表达，影响了他们艺术能力的全面提升。

为了解决这些问题，笔者提出了构建多元化、综合化的美术教育评价体系的建议。这一评价体系将注重学生的个性发展，充分考虑学生的艺术实践和思维能力，全面评价学生的艺术水平和学习成果。建议通过引入多种评价方法，如作品评定、实践表现、项目报告等形式进行评价，从不同角度了解学生的学习情况和艺术发展水平。同时，建立有效的反馈机制，及时向学生和家长反馈评价结果，指导学生改进学习方法、提升艺术水平。此外，还强调了教学资源的重要性，建议加强对美术教室设施和师资力量的投入，为学生提供良好的艺术学习环境和专业的教学指导。

二、展望未来高中美术教学的发展前景与方向

未来，高中美术教学将迎来更为广阔的发展前景，其发展方向也将更加注重对学生全面素质的培养，着重培养学生的创造力和综合能力。在这个变革的时代，高中美术教学将扮演更为重要的角色，为学生提供更广阔的艺术天地和发展空间。

首先，未来高中美术教学将更加注重对学生实践能力的培养。传统的美术教学往往偏重于理论知识的传授，而缺乏对学生实践能力的培养。随着社会对创新型人才需求的不断增加，未来的高中美术教学将更加注重培养学生的实践能力，鼓励学生通过实践探索、创造性表达，培养艺术创作能力和实践能力。

其次，未来高中美术教学将强调对学生创新意识的培养。创新是推动社会进步和文化繁荣的重要引擎，因此，未来的高中美术教学将注重培养学生的创新意识和创造性思维能力。教师将通过激发学生的好奇心和探索欲，引导他们勇于尝试新的艺术表现方式，鼓励他们不断探索、挑战传统，从而培养出更多具有创新精神的艺术人才。

未来高中美术教学还将注重跨学科的融合与合作。艺术不再是孤立于其他学科之外的学科，而是与科学、语文、历史、数学等学科相互交织、相互渗透。因此，未来的高中美术教学将积极促进跨学科的融合与合作，拓宽学生的学科视野，培养他们的综合能力和创新能力。

参考文献

[1] 王宁. 多元化教学模式在高中美术教学中的应用[J]. 美术教育研究，2020（20）：168-169.

[2] 王晓双. 多元化教学法在高中美术素描课堂中的应用探究[J]. 考试周刊，2019（66）：175.

[3] 郭海岩，郭晓东. 核心素养背景下的高中美术鉴赏教学策略分析[J]. 美术教育研究，2019（04）：74-75.

[4] 张倩. "核心素养"引领下的高中美术鉴赏课堂教学思考[J]. 艺术评鉴，2018（02）：140-142.

[5] 吴年成. 基于美术核心素养中图像识读的有效性课堂管理[J]. 美术教育研究，2021（03）：114-115.

[6] 王芳. 情境教学法在初中美术欣赏教学中的应用[J]. 美术教育研究，2020（03）：168-169.

[7] 庄春花. 核心素养引领下的初中美术课堂教学开展研究[J]. 美术教育研究，2021（20）：160-161.

[8] 白琳. 核心素养视角下初中美术课堂教学创新实践研究[J]. 甘肃教育研究，2021（02）：25-28.

[9] 李西杰. 核心素养视角下如何开展初中美术教学[J]. 新课程教学（电子版），2021（09）：10-11.

[10] 黄广科. 核心素养下初中美术教学的创新途径[J]. 文理导航（上旬），2020（11）：88.

[11] 常岩. 新教改背景下的高中美术鉴赏模块教学[J]. 基础教育参考，2018（01）：74-75.

[12] 林方. 高中美术鉴赏课实效课堂的构建[J]. 名师在线，2017（23）：14-15.

[13] 赵红英，张湘萌. 高中美术鉴赏课中"任务驱动式教学模式"的实践报告[J]. 艺术评鉴，2017（24）：151-153.

[14] 张璇.新课标视域下高中美术教学有效性的组织实施路径[J].新课程（下旬），2015（8）：204-205.

[15] 李彦林.高中美术素描教学策略探究[J].美术教育研究，2021（17）：162-163.

[16] 曹培凤.高中美术素描教学策略研究[J].新课程，2020（15）：81.

[17] 杨建荣.浅议高中美术素描课的教学策略[J].新课程（下），2016（5）：117.

[18] 朱礼平.浅谈微课支撑下的高中美术翻转课堂教学研究[J].中国信息技术教育，2015（11）：138-139.

[19] 廖华清.让"微课"走进高中美术课堂[J].黑河教育，2016（6）：25-26.

[20] 沙江华.浅谈高中美术教学中微课的应用[J].中学课程资源，2016（8）：16-17.

[21] 李金相.基于新课程改革理念的高中美术教育[J].课程教育研究，2017（17）：178-179.

[22] 邱财生.微视频在高中美术课堂应用的研究[J].课程教育研究，2017（29）：197.

[23] 王哲.高中美术个性化教学的实践探索[J].中国民族博览，2018（1）：19-20.

[24] 黄明坤.新课改下高中美术教育存在的问题及发展对策[J].课程教育研究，2018（11）：226.

[25] 武芳.浅谈大数据时代高中美术鉴赏教学[J].美术教育研究，2018（16）：99.